LOS FERMENTOS DEL BOSQUE:
Guía básica para fermentar
plantas silvestres

LOS FERMENTOS DEL BOSQUE

Guía básica para fermentar plantas silvestres

Andrea Martín Leache

ADVERTENCIA: La información escrita en el presente libro se basa en la experiencia y prácticas de la propia autora. No obstante, la fermentación puede conllevar ciertos riesgos - como la explosión de botes por excesiva fermentación y carbonatación - así como la putrefacción de los propios fermentos, entre otros. La autora no tiene formación oficial ni reglada en materia de ciencia alimentaria, seguridad alimentaria o sanidad, ni en ningún otro campo relacionado. La autora no se hace responsable de las consecuencias de la aplicación, correcta o errónea, de la información aquí expuesta, ni pretende en ningún caso sustituir la asistencia médica en cualesquiera de sus aspectos preventivos, diagnósticos o terapéuticos.

© 2020 Andrea Martín Leache, del texto e imágenes [a excepción de las imágenes de las páginas 5, 19, 43, 54, 67, 77, 82, 86, 102, 106, 117, 132, 139, 156 y 185]

Título: "Los fermentos del bosque"

Subtítulo: "Guía básica para fermentar plantas silvestres"

Autora: Andrea Martín Leache

Depósito legal: DL NA 283-2021

ISBN: 9798571704854

Sello: Independently published

Primera edición en castellano: diciembre 2020

"Que tu alimento sea tu medicina
y tu medicina sea tu alimento"
- Hipócrates -

ÍNDICE

1. AGRADECIMIENTOS

A mi padre por regalarme sin saberlo el mejor libro que he leído sobre plantas medicinales hasta ahora y por servir de cobaya en todos mis experimentos con tinturas, cremas y potingues varios ¡incluida la cosmética! Gracias por dejarte la piel y las orejas para escuchar las infinitas horas de conocimientos acerca de plantas silvestres que te he brindado, y por tu afán recolector que me venía muy bien cuando necesitaba proveerme de bellotas o escaramujo a montones para mis preparaciones. Por compartir mi entusiasmo por la naturaleza y los fermentos, y todo aquello que me fascina.

Me doy las gracias a mí misma y a mi intuición, porque me han llevado hasta donde estoy ahora. Por perderme en una inusitada biblioteca y encontrar accidentalmente el manual de Sandor Katz en medio de miles de libros, fuente que ha inspirado mi obra; por apuntarme al curso de plantas silvestres que me inició en todo esto en el momento en que más "perdida" me encontraba en mi vida; por permitirme escuchar a las plantas y pararme sin más en medio de un camino montañoso para descubrir casualmente a mi lado las que necesitaba encontrar, después de 2h de caminata; por escuchar mi Ser; por expresar la semilla que soy al mundo.

A mi madre por su entrega y dedicación a la hora de cuidarnos cuando estábamos enfermas; por su faceta sanadora que de algún modo he traducido yo en esta fascinación por las plantas medicinales. Por abrirse de algún modo a escuchar conocimientos difíciles de comprender para ella, porque tambalean todo su sistema de creencias y cuanto conoce.

A Giorgos, por iniciarme en la escucha intuitiva de las plantas, en su cuidado y evitar que decenas de plantas carnosas murieran en mis manos cuando vivía en Chipre. Por llevarme de excursión a los primeros jardines botánicos que mis ojos veían y enseñarme la belleza de la naturaleza en las flores, en la vida.

A Josean Vidaurre, iridólogo y mi mentor más importante y al que más tiempo he seguido por sus infinitos conocimientos acerca de plantas medicinales silvestres y nutrición. Por darme un "zas" en toda la boca con la cosmética y por fin entender que no es un modo de ocultar imperfecciones, sino cuidarme externamente al igual que uno se atiende internamente comiendo sano. Por sus recetas de encurtidos y yogures que fueron las primeras que comencé a elaborar, y su humildad y paciencia santas para transmitir sus extensos conocimientos.

A Estíbaliz Rudi por enseñarme a conectar conmigo misma, con la esencia que soy, con mi semilla, y darme las herramientas necesarias para crecer y creer en mí a través del amor y la luz que soy. Gracias por ayudarme a trascender mis miedos, a encaminarme en este terreno salvaje dentro de mí.

A mis amigas, Leire, María, Raquel y Sonia, por la paciencia infinita y las muchas horas de escucha activa acerca de plantas y medicina. Gracias por aceptarme tal y como soy, con mis idas y venidas, y por compartiros conmigo.

Agradezco también a las numerosas personas con las que me he encontrado a lo largo de mi vida y he compartido pedacitos y momentos en todos los países y lugares que mi alma ha visitado; no os he nombrado porque la lista sería infinita. Gracias a todos vosotros, porque de algún modo que todavía mi mente no llega a comprender, habéis contribuido a que sea la persona que soy ahora y genere este precioso regalo - el presente libro - que dejo en mi camino; sin duda, habéis sido parte de algo extraordinariamente hermoso. Gracias.

2. INTRODUCCIÓN

Este libro nace de una curiosidad fascinante que he mostrado en los últimos años por la naturaleza, así como por la observación de su inmensa belleza, de su grandiosidad, de ese estado continuamente cambiante que le es propio y que me ha empujado a explorar sus recursos y su hábitat hasta límites insospechables incluso hoy en día. Gracias a este sentir mío por enraizarme y conectarme a mi entorno y a la Madre Tierra, he terminado desempolvando prácticas ancestrales de conservación como la que os presento en este libro, mientras bebo de la sabiduría de todos los recursos del bosque y sus propiedades medicinales, en un camino realmente hermoso y nutritivo a distintos niveles. Todavía hoy me parece que es una ilusión todo cuanto he aprendido simplemente observando, adquiriendo conocimientos y experimentando con lo que nos ofrece la Madre Tierra.

Todo comenzó hace unos años, cuando en un momento en que creía estar completamente perdida, me apunté casualmente a un curso de plantas medicinales y me enamoré perdidamente de esta materia. Aprendí a identificar hierbas silvestres y a elaborar todo tipo de tinturas, elixires y cremas que me afanaba por utilizar para armonizar los desequilibrios físico-emocionales que había percibido en mí por entonces.

Más tarde, descubrí atónita los ilimitados recursos que el bosque ofrece, y comencé enseguida a degustarlos sin demora. Empecé recolectando deliciosos brotes primaverales y flores que luego dejaba caer como lluvia en mis coloridas ensaladas. Cogía frutos silvestres y raíces para luego cocerlos en grandes pucheros en los fríos inviernos...

Fue la abundancia de estos recursos y el gran desconocimiento que poseía para preservarlos durante largos períodos de tiempo sin perder sus propiedades, lo que me llevó a descubrir la fermentación a través del mejor manual de esta práctica que han sostenido mis manos hasta ahora; *El Arte de la Fermentación*, de Sandor Katz.

Este extenso pero práctico libro abrió un mundo entero en mí completamente desconocido, y es gracias a la fascinación que su autor expresa en cada línea por aquello que hace, que mi entusiasmo se debió contagiar y empecé a fermentar todo lo que mis ojos veían. Comencé por algo fácil, fermentando hortalizas y frutas que podemos encontrar en cualquier mercado, pero mi insaciable curiosidad me empujó a experimentar con un terreno un poco más desconocido; lo salvaje. Así que empecé a recolectar frutos, raíces, cortezas y hojas de los bosques para luego fermentarlos en mi casa de las maneras más extraordinarias que mi mente podía imaginar.

Me había ya creado un lema "*come algo silvestre todos los días*" que lo había instaurado en mi rutina diaria cuando comencé a aprender sobre plantas silvestres comestibles. Ahora, con este libro en mi vida me había visto en la tesitura de establecer un segundo: "*come algo fermentado todos los días*". Y así, con estos dos mantras rumiando en mi alma y mis burbujeantes fermentos expresando la vida dentro de ellos guarecidos en los oscuros armarios de mi cuarto, fui aprendiendo a perfeccionar cada una de mis creaciones.

Las recetas que expongo humildemente en este libro, son aquellas que poco a poco he ido "puliendo" hasta lograr combinaciones de alimentos silvestres sanos y atractivos a mi fino paladar. ¡Espero que al igual que a mí, os gusten!

El presente libro nace de un impulso mío realmente intenso y profundo; el de enseñar y animar a todos los lectores que lo deseen a aprender de manos de la naturaleza y usar sus recursos a nuestro favor utilizando la práctica de la fermentación. El objetivo último es poder preservar y extraer las propiedades de estos recursos de un modo diferente al que estamos habituados.

A pesar de que actualmente cada vez se crean más libros sobre plantas silvestres comestibles llenos de deliciosas recetas y donde se describen sus usos medicinales, he observado que hay cierta "laguna" para encontrar información acerca de cómo conservarlos a través de la fermentación. Es por ello que siento que este trabajo experimental que he ido realizando a lo largo de los pasados años con las plantas silvestres y la fermentación, realmente puede contribuir a ampliar la mirada hacia la naturaleza y expandir los distintos recursos que esta nos ofrece. Pretendo con ello facilitar estos conocimientos a las personas para que pierdan el miedo a tomar de la tierra lo que ya nos ofrece en abundancia, y preservarlo de un modo respetuoso y muy intuitivo - la fermentación -, que se lleva practicando desde hace miles de años.

He dividido este ejemplar en dos apartados algo diferenciados: por un lado está la sección de fermentos silvestres, más nutricional o enfocada en servir de alimento; y por otro, la parte de los elixires, donde me enfoco en la fermentación en términos más medicinales. He realizado dicha diferencia, principalmente porque el empleo de los elixires conlleva la ingesta de los mismos con goteros y me parecía importante no mezclar algo tan medicinal con recetas de platos fermentados. También he querido dividir estas secciones porque la primera está escrita para personas con pocos o ningún conocimiento de plantas silvestres y la segunda está enfocada a manos algo más expertas y conocedores en el mundo de la fermentación y las plantas medicinales. Independientemente de dicha diferencia, quiero aclarar que para mí, el alimento es medicina, y por tanto valoro por igual ambos apartados, puesto que todo lo que ingerimos tiene propiedades más benéficas o menos según nuestro organismo. *"Que tu alimento sea tu medicina y tu medicina sea tu alimento"*[1].

Espero que disfrutéis este libro tanto como me he deleitado yo en escribirlo y os contagie el borboteo de la vida que entrañan estos fermentos salvajes. Ha sido un verdadero placer poder ayudar a otras personas a que conecten con sus bosques más cercanos, que

---

1   Aforismo de Hipócrates, médico muy famoso de la Antigua Grecia conocido como el "padre" de nuestra medicina occidental.

conozcan plantas silvestres accesibles, que dejen a un lado el miedo a fermentarlas y se atrevan a romper con "inseguridades" por lo desconocido...Este libro es un viaje que espero, sorprenda y fascine a muchos de vosotros al igual que lo sigue haciendo a mí. ¿Estáis preparados?¡Pues allá vamos!

3. FERMENTACIÓN

3.1. ¿Qué es la fermentación?

Es el proceso de transformar alimentos originado por la acción de distintos microorganismos como bacterias, hongos y las propias enzimas que se encuentran en la comida. Con ello, se logran varias cosas:

1. Conservar la comida y evitar su putrefacción.

2. Descomponer los alimentos en productos más fáciles de digerir.

3. Eliminar o reducir tanto los anti-nutrientes como la toxicidad de ciertos alimentos - por ejemplo el ácido fítico presente en frutos secos y legumbres -.

Si intentamos imaginar desde cuándo se fermentan los alimentos, la FAO ya nos expone que *"la fermentación es una de las biotecnologías aplicadas más antiguas, se ha utilizado para conservar alimentos durante más de seis mil años."*[2] Pero no hace falta irse tan lejos en el tiempo; en la era en que no existían los frigoríficos y una familia debía de aprovechar el exceso de productos hortícolas de la temporada, era muy común fermentar los alimentos. Si no era un vino, se elaboraba vinagre casero haciendo uso del ácido acético que se genera en el proceso.

Era muy habitual fermentar los excedentes alimenticios creando un entorno óptimo para que las bacterias acido-lácticas - que son las que pre-digieren la gran mayoría de fermentos que conocemos - proliferasen, generando quesos, mostaza, *kétchup* y el ahora cada vez más famoso *chukrut*, por poneros algunos ejemplos.

Básicamente *"los organismos que participan en el proceso de fermentar producen alcohol, ácido láctico y ácido acético, todos ellos*

---

2   http://www.fao.org/ag/esp/revista/9812sp3.htm

"bioconservantes" que preservan los nutrientes y evitan la descomposición."[3] Estas tres sustancias resultan clave a la hora de fermentar, y son el *quid* para diferenciar qué tipo de fermento estáis realizando o queréis conseguir, pues al ser todo un proceso vivo, algunos fermentos incluso van variando de un estado a otro. Por ejemplo, podéis empezar haciendo un zumo de moras fermentado - para ello se generan sobretodo bacterias ácido-lácticas -, para encontrarlo 2 meses más tarde que huele muy fuerte a alcohol o 3 meses después observar que se ha convertido en un delicioso vinagre de moras - donde prolifera el ácido acético -.¡A degustar!

ÁCIDO LÁCTICO----------> ALCOHOL------------>ÁCIDO ACÉTICO

Zumo de moras   Vino de   Vinagre de moras
fermentado   moras

Simplemente recordad que cuando fermentáis alimentos, estáis en contacto con algo vivo, altamente reactivo que va evolucionando según las condiciones en las que se encuentra, al igual que lo hacéis vosotros.

Para poder fermentar algo correctamente, no podéis simplemente dejarlo sin más, sino que debéis crear el ambiente necesario para que unas u otras bacterias dominen vuestro preparado y se genere aquello que buscáis crear. Normalmente basta con que el producto a fermentar:

A) Sea sumergido en su propio jugo. Esto se hace sobre todo con frutas y hortalizas que ya de por sí son ricas en agua.

B) Sea sumergido bajo una salmuera, como en el caso de las típicas aceitunas o cebolletas que hemos comido todos de pequeños.

C) Sea fermentado a través de otros procesos algo más complejos.

Cuando fermentamos, favorecemos la descomposición de la comida

3   Katz,S.E.,(2015). *Pura fermentación: todo el sabor, el valor nutricional y el arte que encierra la elaboración de alimentos vivos* (p. 29). Móstoles, Madrid: Gaia.

en partículas más pequeñas y biodisponibles. Esto, a su vez provoca que el alimento se haga más digerible facilitando así su asimilación, pero además *"la fermentación también crea nuevos nutrientes. Mientras tienen lugar sus ciclos vitales, los cultivos microbianos producen vitaminas del grupo B incluidos el ácido fólico, la riboflavina, la niacina, la tiamina y la biotina"*.[4] Se sabe que a través de diferentes técnicas culinarias - cocinar al vapor, tostar, hornear o incluso germinar una comida - y la temperatura que se alcance en el proceso, activamos diversas sustancias dentro del propio alimento, como cuando remojamos o germinamos semillas. Básicamente ocurre lo mismo si usamos la fermentación, pero con el beneficio añadido de que absorbemos mejor dichos nutrientes. Dos en uno. ¿Qué más se puede pedir?

3.2. Beneficios de la fermentación

Como ya he comentado, además de preservar en el tiempo la comida, hacerla más asimilable y extraer anti-nutrientes de esta, la fermentación es un método barato de procesar un alimento y una técnica culinaria accesible a cualquier persona. Por un lado no gastamos electricidad para "cocinar" nada, porque son los propios microorganismos presentes en el alimento y en el ambiente los que fermentan el producto. Por otro lado, los sabores, texturas y olores que se generan en el proceso son altamente interesantes en nuestros platos, además de ser tan únicos cada uno que a nivel cultural, se merece que los protejamos y no caigan en el olvido. Es un arte tan versátil, que podemos mezclar y crear nuevos fermentos prácticamente cada minuto y seguirían siendo seguros y deliciosos al paladar. Esta última faceta, la del sabor tan extraordinariamente diferente que se genera, es la que creo, me atrajo más en su día.

---

4   Katz,S.E.,(2015). *Pura fermentación: todo el sabor, el valor nutricional y el arte que encierra la elaboración de alimentos vivos* (p.31). Móstoles, Madrid: Gaia.

23

Además, debido a que contienen probióticos - un conjunto de microorganismos vivos que cuando los ingieres repueblan la microbiota de vuestro intestino -, los fermentos son un gran alimento para mejorar nuestra salud. Es bien conocido el caso del yogur búlgaro, famoso por ser en su día un alimento que se veneraba como elixir de la longevidad y buena salud. Mi madre aún recuerda que en su infancia se compraba yogur en las farmacias - y no en las tiendas de alimentos - porque se consumía exclusivamente cuando uno estaba enfermo y durante el tiempo que duraba la afección. "*Un yogur al día*" era la prescripción del médico. ¡Cuánto tiempo ha pasado ya de eso!

Muchas de las sociedades que consumen fermentos en su dieta de manera regular son las más longevas de nuestro planeta. Según comenta Sally Fallon - importante activista americana, cocinera e investigadora sobre temas nutricionales - "*los alimentos ricos en enzimas proveen una energía ilimitada*"[5], además de proporcionar al cuerpo de un volumen considerable de nutrientes y enzimas. Es una pena que seamos los países desarrollados los que más hemos "olvidado" esta práctica tan ancestral y beneficiosa para nosotros.

Sabemos además, que una gran mayoría de países subdesarrollados continúan consumiendo diariamente diversos fermentos, y esto es debido a que "*la fermentación de alimentos básicos es una fuente importante de nutrición para las poblaciones rurales numerosas, y contribuye significativamente a la seguridad alimentaria al aumentar la variedad de materias primas que se pueden utilizar para producir alimentos*".[6] Muchos de estos países son lugares donde la temperatura media anual ronda los 27-30° y es frecuente la putrefacción de los alimentos, por lo que la fermentación es una solución barata y fácil de

5   Fallon,S., G., Mary (2001). *Nourishing traditions: the Cookbook that Challenges Pollitically Correct Nutrition and the Diet Dictocrats*, (p.47). Brandywine, USA: NewTrends Publishing, Inc.

6   http://www.fao.org/ag/esp/revista/9812sp3.htm

manipular la comida para evitarse problemas a la hora de consumirla. En conclusión, no solo se aprovechan más alimentos, sino que además, al ser un método muy seguro e inocuo, se evitan la descomposición rápida de estos, un hecho muy frecuente en algunos de estos lugares.

Por último, me gustaría reivindicar el carácter único, individual y cultural que los fermentos tienen para mí y por lo que los considero beneficiosos. Personalmente, considero que los fermentos son el reflejo de un modo de comer, de una comunidad, de los alimentos nativos que generación tras generación han sido cultivados o pueblan una zona específica del planeta. Básicamente son un pedacito de memoria, de conocimientos ancestrales, un recetario antiquísimo que nos muestra qué tipo de paladar tenían estos u otros habitantes, qué consumían más o menos, qué especies de frutas, hortalizas, etc. eran nativas y abundantes en sus tierras y qué cultivos vivos generaban y perpetuaban estas personas. Un caso muy práctico es la leche, a la que han tenido acceso prácticamente todas las sociedades del planeta. Sin embargo, ¿cuántos fermentos lácteos conocemos? Tan diversos como culturas los han creado: quesos, cuajadas, mantequillas y otros, por poner algunos ejemplos.

Para mí, no hay nada más hermoso que ver la gran diversidad que ya existe de fermentos y cómo vuelven a florecer estos deliciosos tesoros en nuestros recetarios. Volvamos pues la mirada al pasado, desempolvemos recetas fermentadas de aquellos que ya perecieron, y continuemos explorando y creando nuevos productos usando esta preciada técnica. Después de conocer todo esto, la pregunta entonces es...¿Por qué no fermentar?¡A qué estáis esperando!

3.3. Perpetuación de los fermentos e Iniciadores

Todos los fermentos que hagáis casi seguro pueden ser perpetuados de alguna manera. ¿Qué quiero decir con esto? Que existe un modo de fermentar algo una y otra vez sin necesidad de salir a buscar la materia prima que os ayudó a fermentarlo al inicio.

Por ejemplo, para fermentar una cuajada podéis hacer uso de "algo" vegetal que os fermente la leche y la cuaje, como las hojas de ortiga. Bien, salís al campo, recolectáis un buen manojo de hojas de ortiga, las introducís en 1l. de leche, lo dejáis fermentar todo en un sitio oscuro y ventilado, y al cabo de unos días *voilà*, ¡ya tenéis cuajada!

Para hacer otra tanda de cuajada, solo necesitaríais una cucharilla de esa misma cuajada ya fermentada vertida en un litro de leche animal y varios días a temperatura ambiente y oscuridad, para que otra nueva cuajada se genere. ¡Enhorabuena, ya no habéis necesitado salir a recolectar ortigas para hacer otra! Con una cucharilla de vuestro fermento anterior, habéis logrado perpetuar una cuajada satisfactoriamente. A esta "cucharilla de cuajada" empleada en la perpetuación, la llamaríamos "iniciador", pues ha vuelto a iniciar una cuajada. Fácil y sencillo, ¿verdad?

¿Qué es un iniciador y para qué sirve?

Generalmente se le llama iniciador tanto a una pieza vegetal que, inmersa junto con vuestro preparado, acaba por fermentarlo, como también a una cantidad pequeña del líquido de un fermento que ya habéis ejecutado y contiene en sí bacterias vivas - como en el caso de la cuajada -. Lo que se hace en este último caso, es verter una cantidad mínima de ese líquido en una tanda nueva de fermento que acabáis de preparar, para que estas bacterias vivas presentes en el iniciador vayan poco a poco fermentando vuestro preparado. Un buen ejemplo sería añadir jugo de *chukrut* a una nueva tanda, para que las bacterias del *chukrut* antiguo pueblen las nuevas y os hagan de nuevo un delicioso fermento de col.

Se utiliza el iniciador básicamente para "acelerar" el proceso de fermentación y evitar que en breve tiempo el nuevo fermento se pueda echar a perder. Es un modo fácil de aseguraros el éxito de vuestros fermentos, aunque la desventaja es que seguís perpetuando un mismo colectivo de micro-organismos una y otra vez. En mi opinión, es interesante que de vez en cuando y si es posible, vayáis fermentando sin iniciador - por "fermentación espontánea" – para que sean las propias bacterias que están presentes en el ambiente y en el alimento las que creen el fermento. Esto es siempre algo más mágico que simplemente verter el iniciador y esperar...Eso si, ¡puede que cada vez os den un resultado diferente al que esperabais!

Yo por ejemplo, cuando elaboro yogures, me comprometo cada cierto tiempo a dejar de perpetuar estos e iniciar así una nueva tanda sustituyendo la primera materia prima que me fermentó el yogur, por otra. Si mi primer yogur lo hice con un liquen llamado *Xanthoria Parietina* y lo seguí perpetuando durante 2 meses, lo que hago es dejar de perpetuarlo e iniciar otro yogur empleando por ejemplo el fruto del pino albar, la piña. De este modo consigo repoblar y enriquecer la microbiota de mi estómago a través de mis fermentos a lo largo de todo el año de maneras diversas.

Para mí, el *quid* de la cuestión es ir variando tanto la tipología de fermentos que ingiero como de iniciadores que empleo para elaborarlos, con el objetivo de expandir y ampliar las bacterias benéficas de mis intestinos regularmente.

3.4. Fases lunares y fermentación

La luna, al igual que las estaciones y otros factores meteorológicos, influye en los fermentos, tal y como nos afecta a nosotros que el día esté soleado, lluvioso o sea luna llena. Esto es algo que tardé en darme cuenta, pero que ahora soy consciente de que puede aportar un gran valor a nuestros preparados. Es como todo, son conocimientos que de algún modo nuestros abuelos sabían y reconocían pero que se han ido perdiendo poco a poco y es vital recuperar.

Recuerdo que cuando me inicié en esto, uno de los primeros

fermentos que realicé fue el popular Champán de Saúco, con tan mala suerte que ¡no se me fermentó ni un poquito! Me frustré muchísimo y volví a quien me había facilitado la receta para obtener respuestas que me ayudasen a comprender qué había ocurrido con mi fermento. "*¿Lo has hecho un día que no hacía sol y el cielo estaba encapotado?*" - preguntó esta persona -. Yo le miré con cara de póquer y le dije "*sí, ¿qué pasa?*" y él me anunció: "*no sé por qué sucede, pero cuando he intentando hacer este fermento en días que no son soleados y de mucho calor, se echa a perder o directamente el Champán de Saúco no se fermenta*". No comprendía qué me estaba diciendo, pero de algún modo, le encontré sentido algo más tarde.

Después de meses buscando en Internet, leyendo libros y preguntando a gente, encontré algo de información al respecto y descubrí que no solo es crucial a la hora de fermentar saber cómo esté el tiempo, sino que las fases lunares también tienen su importancia, sobre todo para evitar un exceso de bacterias no deseadas y para que nuestro preparado siga crujiente. Sé que antiguamente se hacían ciertos fermentos en luna nueva o durante luna menguante para que poco a poco las propiedades de estos se fuesen extrayendo y no se echasen a perder por una rápida proliferación de microorganismos que no convienen. Por otro lado, leí en Internet que cuando se realizan fermentos como el *chukrut* durante la luna llena o 2-3 días antes de luna llena, salen más crujientes y ayuda a que se extraiga todo el jugo natural de los vegetales sin necesidad de añadir salmuera al fermento[7].

Todavía estoy experimentando en este aspecto bastante, pero simplemente me ha parecido interesante exponer que de algún modo, las fases lunares y el estado del cielo antiguamente se tenían en consideración en los fermentos y supongo, son clave para un resultado excelente. Si os basta con un fermento "normalito" y vuestro paladar no

7   https://adventuresinlocalfood.com/2010/10/07/sauerkraut-rising-tides-and-where-it-all-began/

es excesivamente exigente, creo que es suficiente con que os pongáis a fermentar ¡hoy mismo! Pero para alguien más experto o que tiene curiosidad por realizar las cosas a la antigua usanza, quería que supiera que de algún modo que todavía no llego a comprender, los astros, el tiempo y seguramente vuestro estado anímico mientras preparáis el fermento ejercen una gran influencia en el resultado de este.

Si queréis explorar más, os animo a que sigáis buscando información, preguntéis a los ancianos de vuestro pueblo/ciudad, a vuestros familiares y que no dejéis de experimentar y anotar las fechas, las fases lunares y el tiempo en el momento de ejecutar vuestra "obra maestra". ¡Veamos qué podemos descubrir esta vez!

3.5. Agua de mar para la fermentación

Las primeras fermentaciones debieron de ser algo espontáneo que posteriormente alguien observó e intentó perpetuar con procesos que imitaban lo que la Naturaleza había elaborado.

Recuerdo anecdóticamente cómo se explicaba en un libro el origen de la mermelada de naranjas fermentada como un evento esporádico que se había dado en un buque naval. Básicamente varias naranjas que llevaban a bordo habían caído accidentalmente a una barrica llena de agua de mar y con el tiempo los marineros habían ingerido, con la sorpresa de que estas habían cambiado sus sabor al encurtirse y ahora estaban realmente deliciosas.

Se sabe por ejemplo, que *"en algunas islas griegas, la gente sigue adobando las olivas introduciéndolas en una canasta en el agua de mar, donde las dejan durante diez días"*[8] para eliminar el amargor y fermentarlas. Este hecho me hace pensar que las primeras salmueras, fueron probablemente con frutos que al caer al mar, se encurtían de

---

8   Alley, Lynn (2003). *Artes culinarias perdidas: guía para preparar vinagre, adobar olivas, obtener queso fresco de cabra y mostazas sencillas, hornear pan y cultivar hierbas aromáticas*, (p.23). Barcelona: Ediciones Obelisco.

manera natural con el oleaje y la salitre presentes en el agua marina. Al ser estas encontradas e ingeridas de manera casual por alguien, posteriormente este individuo habría intentado reproducir dicho proceso con los medios que tenía a mano.

¡Lo increíblemente hermoso es que todavía haya gente en la Tierra que siga imitando estos procesos en el medio en el que los vio por primera vez, osea, el agua de mar!

Beneficios del Agua de Mar para fermentar

Antes que nada, me gustaría aclarar que no es lo mismo mezclar agua dulce con sal de mesa - aunque esta no sea química sino recolectada de una salina -, que agua de mar en sí misma. ¿Por qué no es lo mismo? Porque en numerosos laboratorios se ha intentando "recrear" o imitar el agua de mar usando procedimientos muy variados - entre otros, secar el agua de mar y luego añadir a esta sales y sedimentos, agua dulce, etc. - y nunca se ha logrado, pues hay muchos componentes, aparte de agua y sal en el agua marina.

El agua de mar contiene entre otros elementos, plancton, algas microscópicas y están presentes en ella los 118 elementos de la tabla periódica en diferentes proporciones. Además el agua marina *"(...)tiene la misma composición que el plasma sanguíneo[9], del cual depende la nutrición, la regulación celular y, por tanto, la salud integral del ser humano"[10].* Todos estos elementos que la conforman la hacen algo tan complejo, vivo y en auto-regulación constante que podríamos concluir que el agua de mar es un medio líquido realmente difícil de reproducir por el ser humano.

---

9   *"Las sales de la sangre son exactamente las mismas que las del agua marina y, además, las encontramos en el mismo orden de relevancia: primero, el cloro y el sodio; segundo, el potasio, el calcio, el magnesio y el azufre; y, tercero, el sílice, el carbono, el fósforo, el flúor, el hierro y el nitrógeno".* Nova, Cecilia (2016). *Agua de mar: los efectos beneficiosos de beberla a diario,* (p.18). Barcelona: Integral.

10   Nova, Cecilia (2016). *Agua de mar: los efectos beneficiosos de beberla a diario,* (p.15). Barcelona: Integral.

Simplemente por todo esto, ya vale la pena intentar entender que, por mucho que realiceis fermentos con agua y sal, nada tendrán que ver con los que pudiérais realizar con agua marina.

En cuanto a sus beneficios, el agua de mar entre otras cosas es: antibiótica, cicatrizante, esterilizante, alcalinizante, energizante, antiinflamatoria y antimucolítica (es bien conocido el uso del agua de mar tomada por la nariz para destaponar las mucosidades). Además, los deportistas comienzan a emplearla hoy en día cada vez más como bebida isotónica - rebajada con agua dulce – tanto antes como después de realizar ejercicio físico, pues llena de sales minerales el organismo y lo prepara para cualquier esfuerzo que nuestro cuerpo vaya a realizar.

Lo interesante del agua marina para fermentar es que, al utilizarla no solo lográis *"recibir todos los elementos de la tabla periódica en su forma orgánica y natural, sino, además, biodisponibles y listos para la absorción, sin necesidad de intermediarios - ligands – y en las cantidades exactas que necesita el organismo"*[11]. Por tanto, se consigue reponer al cuerpo de cualquier déficit de minerales y oligoelementos que pudiérais tener.

Con esto no quiero decir que el agua de mar sea una panacea, pero sí, que si al cuerpo le proporcionamos un aporte de todo cuanto necesita en su medio líquido interno, podrá restaurarse él mismo más rápidamente y sin nada que pueda obstaculizar ese proceso.

Esto es sin duda un hecho altamente beneficioso para nuestra salud, además de que como dicen los autores de la cita, es "gratis" y no hay más que tomar ciertas precauciones que exponen concienzudamente en su libro, para saber cómo recolectarla directamente del mar. Y para los más escrupulosos con respecto a la contaminación del agua en las playas, en su libro *El poder curativo del agua de mar*, tenéis todo un

---

11   Gracia, Ángel y Bustos-Serrano, Héctor (2004). *El poder curativo del agua de mar*, (p.86). Barcelona: Morales i Torres.

capítulo titulado "Contaminación", que os animo encarecidamente leáis, para tener una perspectiva diferente acerca de esto.

Gracia y Bustos-Serrano expresan reiteradamente en su libro que el poder curativo y preventivo del agua de mar reside en 3 grandes principios: "*1. Rehidrata al mismo tiempo que suministra la totalidad de los minerales más puros y orgánicos (electrolitos) en una forma fácilmente asimilable; 2. Reequilibra el desbalance de la función enzimática, sin la que es imposible el funcionamiento de los mecanismos de la autorreparación y la salud consiguiente, y 3. Regenera las células individualmente como consecuencia de que el agua de mar les suministra todos los elementos imprescindibles para su buen funcionamiento, con lo que el organismo vuelve al equilibrio, que se materializa en salud.*"[12]

Se fundamentan en que los seres humanos somos un 70% agua de mar isotónica - agua marina rebajada con agua dulce en una proporción concreta - y por tanto es algo que ya está en nosotros y forma parte de nuestro ser. ¿Cómo no podríamos ingerirla o utilizarla para cocinar y fermentar?

En cierto modo, me resuena y me parece muy natural e instintivo - al menos en lo que aquí nos concierne - fermentar productos en salmuera empleando agua de mar. Se me ocurre que la podéis isotonizar y utilizar 2 partes de agua de mar por 3 de agua dulce para salmueras menos saladas, o usarla más concentrada, ¡al gusto de cada uno!

Hay numerosos ejemplos interesantes de gente en Internet que ya usa esta agua para elaborar sus salmueras, puesto que además "*se ha descubierto que el calcio y el magnesio presentes en el agua de mar mejoran la firmeza y el color de los productos fermentados*"[13]. Existen incluso ejemplos más curiosos todavía, como el de la primera cerveza

12   Gracia, Ángel y Bustos-Serrano, Héctor (2004). *El poder curativo del agua de mar*, (p.19). Barcelona: Morales i Torres.

13   https://www.sciencedirect.com/science/article/pii/0141022981900132/

realizada con agua de mar de la cual hablan en una interesantísima publicación de la *Fundación Aquamaris*[14].

Para cerrar este pequeño apartado, comentaros que he querido plasmar aquí una práctica - el empleo de agua marina para fermentar - que me ha parecido instintiva y muy humana, y que cada vez más personas en el mundo están utilizando por diferentes argumentos.

Por mi propia experiencia realizando fermentos con agua de mar comprada - aún no vivo cerca del mar ni he podido obtenerla directamente de su fuente natural -, me ha parecido realmente interesante usarla en mis preparados. El sabor a mar que infunde en estos es muy característico, pero sobre todo me fascina saber que sus propiedades y aporte nutricional de minerales y elementos que la componen están presentes en mis preparados.

En definitiva, he comprobado satisfactoriamente que las salmueras elaboradas con agua marina comprada han conservado perfectamente mis fermentos, como lo harían el agua de manantial y la sal marina.

En todo caso y con muchísimo interés, os animo sobre todo a los que tengáis la mar cerca, que probéis a realizar algunos de los fermentos en este libro expuestos - como las acelgas silvestres o los capullos de diente de león en salmuera - con esta preciada agua. ¡Experimentad y descubrid nuevas texturas, sabores y experiencias enriquecedoras! Y por supuesto, aquello que no os sirva o vibre, no lo toméis en consideración.

3.6. Problemas con la fermentación

En este apartado, me gustaría exponer las problemáticas más comunes a la hora de preparar los fermentos y cómo resolverlas. También os ayudaré a poner atención a ciertas cuestiones para evitar que vuestros fermentos se echen a perder y obtener así un producto

---

14   http://www.aquamaris.org/primera-cerveza-con-agua-de-mar

en perfectas condiciones.

FERMENTACIÓN DE LÁCTEOS

Para la realización de fermentos lácteos, no recomiendo usar leches UHT o ultra-pasteurizadas. ¿Por qué? Porque estas son calentadas a temperaturas de al menos 138ºC durante unos segundos - para la leche UHT - o se someten a procesos en los que se calienta la leche por vapor de agua y se separa al enfriarse rápidamente, como sucede con las leches uperisadas.

Estos procedimientos afectan a los nutrientes de la leche, en los que *"puede producirse una pérdida de ácido ascórbico y vitaminas B1 y B12"*[15] así como otras vitaminas - como la A, la B6 y el ácido fólico - incluso durante el tiempo que la tenéis almacenada y sin usar. Al perderse gran cantidad de nutrientes, no hay suficientes microorganismos vivos presentes en la propia leche como para iniciar una fermentación. En ausencia de bacterias que fermenten, los mohos tienen el ambiente perfecto para proliferar, por lo que es muy común que crezca algún tipo de moho en esta leche, se pase o directamente no haya actividad en el fermento.

Así que para evitaros estos problemas, sin duda escogería leche cruda o pasteurizada. *"Para su pasteurización, la leche se lleva a una temperatura que oscila entre los 55 y los 75 ºC durante 17 segundos. La pasteurización elimina los microorganismos patógenos de la leche, a la vez que es respetuoso con buena parte de su flora natural. (...) Es la que conocemos como "leche fresca" y tiene un periodo de vida de unos días"*[16]. Esta leche menos "manipulada", todavía conserva buena parte de bacterias innatas en ella y si la dejáramos a Tº ambiente, probablemente en unos días conseguiríamos leche agria* - un fermento

15   https://lechepascual.es/blog/diferencias-entre-leche-pasteurizada-y-uht/
16   https://lechepascual.es/blog/diferencias-entre-leche-pasteurizada-y-uht/
*   Antes de la pasteurización o las leches UHT, dejar la leche agriarse como resultado
      de la fermentación esporádica de la misma, era el modo que tenía la gente de
      preservar la leche y evitar su putrefacción.

muy saludable -. Si además se le añade un iniciador vegetal - ortiga, pistilos de cardo mariano, etc.- a esta leche pasteurizada, se logra una fermentación perfecta.

La leche que más bacterias tiene por supuesto es la leche cruda, pero *"la leche y los productos lácteos están sometidos a unos estrictos requisitos de higiene recogidos en la normativa tanto de la Unión Europea como nacional"*[17], que regulan y limitan su venta al público. Por tanto no es de fácil acceso a menos que viváis en un pueblo donde haya vacas, ovejas o cabras cerca o seáis vosotros los granjeros que poseáis este tipo de animales. En definitiva, para la mayoría de los mortales, os aconsejo usar leche fresca o pasteurizada para vuestros fermentos.

Por otro lado, si vais a comprar leche pasteurizada, veo importante comentar que la leche que empleéis tenga toda la grasa, porque hacer fermentos lácteos con leches animales desnatadas o semi-desnatadas puede que os de problemas o directamente no se os fermenten. Además, la grasa es lo que da la consistencia y textura a muchos de estos fermentos, por lo que, si conseguís fermentar con leches semi-desnatadas o desnatadas, vuestro producto (yogur, cuajada, etc.) probablemente quede bastante acuoso o semi-líquido.

En relación a los problemas que os puedan surgir durante la fermentación de lácteos, pueden acontecer varias cosas:

1. El fermento no se cuaja: esto es porque o bien el iniciador era inviable - demasiado húmedo o seco -, o bien porque la leche no tenía bacterias vivas suficientes como para activar las del iniciador y fermentar la leche.

Os aconsejo en estos casos cambiar de marca de leche o si la hervís para "pasteurizarla", hervir la leche más suavemente y durante menos tiempo. En cualquier caso, debéis tomar vuestro iniciador y

---

17 https://www.aesan.gob.es/AECOSAN/web/seguridad_alimentaria/subdetalle/leche .htm

usarlo ese mismo día, siempre que no esté lloviendo y se haya humedecido en exceso. Si lo dejáis secar o está muy húmedo, puede que las bacterias presentes en él no sean viables. Os lo digo porque una vez me pasó que dejé secar sin querer un iniciador vegetal durante varios días y cuando lo usé para fermentar leche, esta no se me cuajó y tuve que tirarla.

2. El yogur o la cuajada se han "cortado": en este caso, cuando hablo de "cortado" me refiero a que el suero presente en el fermento y la parte más "sólida" se han separado notablemente. Puede ser incluso, que la parte sólida presente agujeritos como si fuese un queso tal y como se puede apreciar en la fotografía. Empleo el nombre de

"cortado" para definir esta notable separación entre el suero y el fermento, pero sabed que es completamente comestible.

Si os ocurre esto, probablemente habéis dejado vuestro fermento a temperatura ambiente demasiados días - probad a reducir el número de días - o hacía demasiado calor a temperatura ambiente. Si vivís en Ecuador y dejáis los fermentos a 30º durante 3 días y tenéis la suerte de que no les salgan moho y se echen a perder, probablemente se os cortarán.

Para solucionar este cuajado "excesivo" bastaría con reducir el número de días que tenéis el fermento lácteo a temperatura ambiente y/o reducir la Tº del lugar donde está. Un consejo muy útil para ello es cambiar de lugar el fermento, pues puede ser que en el sitio donde lo teníais haga excesivo calor y necesite un lugar más fresquito.

En resumen, que se "corten" no es malo y son perfectamente comestibles estos fermentos. Si bien es cierto que estéticamente no son muy atractivos, y de sabor son más potentes, a mí me encantan. A veces simplemente los mezclo fuertemente con el tenedor y me los tomo a modo de bebida.

3. Aparece un moho blanquecino por encima del fermento: si es blanco y con forma de pelusilla, podéis intentar retirar la primera capa - la más superficial - e ingerir el resto, pero si tiene mal sabor, entonces no dudéis en tirarlo. A veces es simplemente la capa más expuesta al oxígeno del aire la perjudicada y basta con retirarla, para saborear lo que hay después con total tranquilidad. Si el moho tiene colores fuertes y vivos: azules, verdes...¡Entonces es que vuestro moho está en fase de reproducción y sus esporas ya están por todo vuestro fermento! Será mejor que en ese caso directamente lo tiréis todo y comencéis de nuevo.

Aquí lo que ha ocurrido es algo parecido al punto 2: o bien vuestro fermento ha estado a una temperatura ambiente muy elevada e incluso demasiados días, o bien el iniciador ha sido el que estaba en malas condiciones y os ha generado ese moho.

4. Aparece una capa superficial amarillenta/crema en el fermento: esto es completamente normal y se produce siempre que hagáis un fermento lácteo, por la oxidación del propio fermento en contacto con el aire. Si no os gusta estéticamente, podéis retirar esta capita con la cucharilla y seguir comiendo vuestro fermento debajo, que estará más blanco. Yo, que no conozco de escrúpulos, me zampo el yogur con la capa amarilla y ¡me sabe riquísimo!

FERMENTACIÓN DE FRUTOS, HOJAS SILVESTRES Y SETAS

1. Mohos y levaduras superficiales: si veis que aparecen mohos o levaduras de colores no muy llamativos en la superficie de vuestro fermento, probablemente es que alguna verdura o condimento no haya estado bien sumergido y se haya oxidado en contacto con el oxígeno presente en el aire. Esto sin duda favorece que crezcan ciertos mohos y levaduras. Yo suelo retirar los trozos de verdura superficiales fuera de la salmuera junto con el moho/levadura y me vuelvo a asegurar de que todo esté bien sumergido de nuevo en la salmuera. También puede ser que el moho tenga un color excesivamente chillón, eso es que está en plena fase fértil y ya ha invadido con sus esporas el fermento. En este último caso, lo más seguro es tirar todo el fermento, pues probablemente esté contaminado entero. Con respecto a las levaduras, son de color blanquecino - como podemos ver en la fotografía - y no son malas, por lo que las dejo en el fermento. Solo

evitaría consumir estas levaduras en el caso de que la persona posea desarmonías como candidiasis o exceso de levaduras en el organismo. Esto es porque realmente no es aconsejable sumarle más levaduras a un organismo que ya de por sí posee exceso de ellas. En tal caso, eliminaría esa capa superficial de levaduras e ingeriría el fermento sin ellas.

   2.. Olor malo: una cosa es que el fermento huela fuerte, que... ¡Sorpresa!, la mayoría lo harán, y otra muy distinta es que el olor sea de putrefacción o instintivamente de algo que no está en su estado óptimo para ingerirlo. En ese caso, o el iniciador os ha fallado, o alguna de las verduras que habéis sumergido ya estaba putrefacta o en mal estado y os ha fastidiado el fermento. ¡Volved a empezar y aseguraros de que todo lo que metéis en la salmuera tiene un aspecto delicioso y sano!

También puede ser que alguna mosca o insecto haya puesto huevos en el fermento. ¿Tiene como gusanitos blancos? Estas son las larvas de las moscas. En este caso es importantísimo tapar con una gasa o un trapo vuestros fermentos para evitar que las moscas pongan huevos y os invadan el preparado. Cuando me ha ocurrido algo así por no tomar las debidas precauciones, he tirado totalmente mi fermento, pero sé de gente que espera a que las larvas eclosionen y salgan a la superficie y luego ingieren el fermento. No sé porqué pero a mí no me da ni seguridad ni mucho apetito zamparme mi fermento después de haber visto nadar cientos de gusanos blancos en él.

3. Espuma: la mayor parte de veces, los fermentos generan espuma, es la vida que en ellos explota la que hace surgir esa efervescencia. ¡A mí me encanta observarla! Pero entiendo que para quien esté comenzando pueda parecerle que es algo anormal. No hay que preocuparse. Si os da asco, la retiráis y listo; si no, haced como yo, deleitaros con ella e ingeridla junto con vuestro fermento. A mí me da la sensación de que si tomo el fermento con sus burbujas, me lleno de vida.

4. Las verduras/setas están blandas: esto puede ser porque las hayáis tenido demasiado tiempo fermentando, o porque quizás es parte del proceso de vuestro fermento. Muchas verduras, como el calabacín y el pepino, al ser muy jugosas, se reblandecen rápidamente una vez fermentadas, y puede que vuestras setas sean muy acuosas de por sí. Si queréis conseguir que se queden más crujientes podéis hacer varias cosas: o bien reducir el tiempo que las tenéis fermentando a temperatura ambiente, o bien añadir al propio bote de fermento alguna hoja de plantas que contengan taninos - hojas de zarzamora, vid e higuera por ejemplo -, que mantienen la textura "crujiente" del fermento. Por último, probad a utilizar los ciclos lunares para conseguir texturas más "crujientes" como comentaba en el apartado "3.4. Fases lunares y fermentación".

5. Mi queso tiene moho blanco y de colores por encima: esto sucede cuando a la hora de madurar vuestro queso ha estado expuesto a altas temperaturas o por lo que sea han aparecido mohos en su corteza. En tal caso, lo que podéis hacer es retirar con un trapo mojado en alcohol o agua la capa superficial del moho y guardar el queso en un lugar más fresco - ¿la nevera por ejemplo? - a menos de 8ºC para ralentizar la aparición de esos mohos o evitarla por completo. Si los mohos son de la familia *Penicillium* - generalmente de color blanco y de textura como algodonosa - son beneficiosos y de hecho, son los mohos que generan las fantásticas cortezas comestibles de los quesos Brie y Camembert.

Para tranquilizaros, os diré que tras informarme y preguntar a ciertos expertos en la materia de quesos y moho, supuestamente los mohos superficiales del queso *"no son patógenos ni tóxicos, es decir se pueden comer"*[18]. Os recomiendo encarecidamente a quienes tengáis ciertas dudas al respecto, leer el artículo sobre mohos y quesos de "Quesería la Antigua de Fuentesaúco" del cual he extraído la nota anterior. ¡Realmente es fascinante!

6. Asienta mal al estómago: esto puede sucederos porque tengáis un estómago muy delicado y ese fermento que habéis ingerido no sea bueno para vosotros. También es común que algunas setas - incluso fermentadas - no os asienten muy bien, o que ingeridas en ciertos momentos del día os haga más o menso daño al estómago.

A mí me costó entender que hay ciertos fermentos que no puedo ingerir por la noche - sobre todo setas - porque directamente tienen algún componente que tras la fermentación mi estómago repele, como

---

18   https://www.queserialaantigua.com/blog/el-moho-en-los-quesos/

es el caso de las semillas de mostaza fermentadas. Todavía no he encontrado el modo de ingerirlas, es olerlas y se me eriza el vello de todo el cuerpo como señal de que ¡no debe entrar en mi organismo!

Podéis probar a comer dicho fermento a medio día y no más tarde, y si os asienta bien, ¡*eureka*! Muchas veces es cuestión de que nuestro sistema digestivo a altas horas de la noche no tiene mucha fuerza y le cuesta digerir ciertos alimentos, aunque estén fermentados. Si ese es vuestro caso, pero tampoco digerís bien el fermento a medio día, simplemente cambiad de fermento; no os empecinéis en algo que todo vuestro Ser os está diciendo a gritos que ¡no le gusta!

4. RECURSOS SILVESTRES DEL BOSQUE Y SU FERMENTACIÓN

Los recursos del bosque son copiosos y muy variados: desde raíces, cortezas, flores, hojas y semillas, hasta líquenes y setas dentro del reino fungi. En este capítulo abordaremos las especies más conocidas y fáciles de identificar tanto de plantas como de setas y líquenes, para que cualquier persona sin conocimientos del tema pueda tener una primera toma de contacto con la naturaleza y aprenda a fermentar sus recursos en pasos sencillos y efectivos.

He querido con ello acercaros de manera segura a las plantas que tenemos más "a mano", que conocemos o nos puedan sonar de haberlas visto u oído, y sobre todo, que difieran mucho de su variedad tóxica para evitarnos confusiones que conlleven cuestiones graves. Diente de león, zarzamora, arándanos, ortiga, bellotas y endrino son algunos ejemplos que he incluido en este heterogéneo repertorio de recetas.

Es importante, al igual que lo hice en el capítulo "3.4. Fases lunares y fermentación" saber que no todos los días es un buen momento para salir al campo y recolectar, sobre todo, si vais a fermentar aquello que tomáis de la Naturaleza. He comprobado por experiencia propia, que lo más ideal es recoger los recursos que nos ofrece el bosque en días soleados, con cielo despejado y muy poca humedad. Es más fácil observar esta diferencia en la textura y sabor de las setas - porque precisamente contienen mucha agua - y algunos recursos vegetales carnosos como los capullos de diente de león, etc. -. Si estos los recolectáis en días húmedos y/ o lluviosos, después de fermentarlos se quedarán poco "crujientes" y su sabor no será tan intenso.

Si bien es cierto que no hay que volverse muy quisquillosos con esto, sé de buena mano que el resultado final difiere bastante y puede perturbar vuestro fermento. A veces, como pasa en invierno, no tendréis más que recolectar con toda la humedad que hay en esa estación del año, aunque salga el sol y esté despejado, pero si podéis evitarnos un cielo encapotado, humedad y/o lluvia; mejor.

En cada preparación indicaré específicamente qué parte de la planta ha de recolectarse, cantidad y resto de ingredientes, así como el procedimiento de elaboración de la misma y sus posibles usos culinarios. También explicaré brevemente las cualidades medicinales y nutricionales más destacables de cada vegetal, liquen o seta, para que toméis verdadera consciencia de qué estáis ingiriendo y cómo os puede ayudar en nuestra salud y alimentación.

Por último y no menos importante, me gustaría hacer mención de qué instrumentos de cocina vamos a necesitar para realizar las recetas y qué ingredientes básicos para la fermentación de las mismas será necesario que tengáis a mano.

En cuanto al **INSTRUMENTAL CULINARIO**, necesitaréis:

• **Licuadora o picadora:** aunque si sois de los que os gusta picar todo a mano vosotros mismos, os invito a que sigáis con vuestra técnica. Ciertamente creo que cuantos menos robots y máquinas uséis en la cocina y más energía propia pongáis en el fermento a realizar, más sabrosos y nutritivos serán dichos preparados.

• **Tabla de cortar de madera:** mejor evitar las de plástico porque si la rayáis es altamente fácil que alguna micro-partícula de plástico entre en vuestro fermento y altere vuestra creación.

• **Cuchillos bien afilados:** indispensables en cualquier cocina, aunque hay algunos fermentos que podréis trocear con las manos. ¡A mí me encanta usarlas en cualquier ocasión que se me presente! Me hace sentirme más parte del proceso. Pero si no queréis experimentar con esto, haceros con unos buenos cuchillos y listo.

• **Botes de cristal:** el uso de otro tipo de botes - plástico, metal, aluminio o incluso cerámica si está esmaltada - alteraría el fermento y puede que también oxidase los metales o activase algún elemento del plástico que no creo que guste a nadie ingerir. Para mí lo mejor y más pulcro para realizar fermentos es utilizar un bote de cristal; son asequibles, los tenéis de varios tamaños y basta con que los limpiéis bien para poder reutilizarlos.

También es cierto que tengo botes de cerámica, pero cuido mucho de que su esmaltado no contenga óxidos o químicos como estamos acostumbrados, porque estos podrían afectar nuestra elaboración. Recordemos que el fermento es algo vivo que está en constante actividad y alterándose él mismo, por lo que si aquello que lo contiene también es fácilmente susceptible de modificarse, el resultado puede ser un tanto desagradable. El cristal no muta, no expele sustancias de ningún tipo, es fuerte y resistente, el perfecto aliado en el asunto que nos concierne.

• **Filtro metálico o colador.** Si es de tela mejor, pero el metálico es suficiente. Al usarlo momentáneamente, no altera en demasía el fermento.

• *Pesto* **o una batidora:** yo tengo un mortero de piedra, pero basta con el típico que tenéis todos de madera o cerámica. O si lo preferís podéis hacer uso de una batidora.

• **Peso para que los fermentos no floten:** puede ser otro bote, una piedra, un vaso que encaja a la perfección en la boca del bote de cristal, etc. La cuestión aquí es usar un peso o algo que, además de cumplir la función de contener vestro fermento sumergido en su líquido, no sea de plástico o cerámica esmaltada con óxidos. Repito, es muy importante evitar estos materiales en la elaboración de vuestros fermentos.

• **Gasa de tela para filtrar:** la usaréis sobre todo para filtrar, por ejemplo el yogur, para preparar *Labneh*, o cualquier otro fermento lácteo en el que deseéis separar la parte más sólida del suero.

INGREDIENTES PARA LA FERMENTACIÓN

• **Sal marina:** a ser posible sin refinar, ni aditivos/secantes, etc.; simplemente sal.

• **Agua de manantial:** en su defecto, agua de botella o del grifo - esta última ha de reposar al menos 1h para que el cloro que contiene se evapore -. Es muy importante que encontréis fuentes de agua manantiales naturales pues el resto de aguas dificultarán el proceso de fermentación por haber sido tratadas de algún modo y por contener sustancias que puedan obstaculizar o complicar vuestro objetivo.

También podéis sustituir el binomio "agua de manantial y sal" por agua de mar, especialmente en aquellos fermentos que se elaboren bajo una salmuera, tal y como he expresado en el capítulo "3.5. Agua de mar para la fermentación".

• **Iniciadores:** suero de leche* (en algunas recetas lo incluyo, pero no siempre es necesario su uso) o el líquido de un fermento que ya hayáis elaborado como jugo de *chukrut*, el caldo de otros fermentos vegetales, etc.

***¿Cómo obtener suero de leche?** Lo primero de todo es entender qué es el suero de leche. Este es el líquido resultante de cuajar la leche - ya sea elaborando yogur, kéfir, cuajada, etc. -. Para ello, primero deberéis de realizar cuajada, kéfir o yogur. Un buen par de ejemplos son las recetas del yogur de liquen o de piña de pino que están en este mismo capítulo.

Por ejemplo, una vez elaborado el yogur, tenéis que coger un bote de cristal, colocar una gasa de tela como filtro y echar el yogur encima para separar la parte más sólida del yogur de la líquida. Yo suelo ajustar la tela al bote mediante una goma elástica, porque el fermento puede pesar y me ayuda a que no caiga todo dentro, incluida la gasa. Lo que quedará en la tela será un yogur tipo *Labneh* bastante compacto - como el que podéis ver en la fotografía adjunta - y el líquido que queda en el bote debajo, será vuestro suero de leche que

Suero de leche

usaréis como iniciador.

Además del suero de leche, podéis hacer uso de otros iniciadores, como por ejemplo la salmuera del *chukrut*, un poco del líquido del fermento de tojo, etc. Basta con que utilicéis la misma cantidad del iniciador que os escribo en la receta (si señalo una cucharilla de suero, no echéis ½ litro, verted una cucharilla y relajaros). Por supuesto, es preferible que uséis un iniciador que sea símil al fermento que vais a elaborar. Por ejemplo, es mejor si para iniciar un vinagre, usáis un iniciador de vinagre, ¡y no de *chukrut* u otro fermento! Además, tiene su lógica, ¿Verdad?

Pues visto todo esto, puedo ya dar comienzo a los fermentos silvestres que nos ofrece la Naturaleza.

4.1. Reino Vegetal

Acelga silvestre   *Beta vulgaris subsp. cicla*

La acelga silvestre la podéis encontrar en cualquier descampado o prado cerca de pueblos o ciudades. Las hojas son inconfundibles pues parecen acelgas de toda la vida y su sabor es muy intenso, tanto crudas como cocinadas/fermentadas. Como advertencia, he de comentar que tiene algo de ácido oxálico, que consumido en grandes cantidades, puede producir piedras oxálicas en los riñones, por lo que es importante consumir acelga de vez en cuando y no con mucha frecuencia. Por lo demás, sus propiedades son similares a las de la acelga cultivada. Por un lado otorga un aporte de minerales interesante, además de vitaminas del grupo C, B y A, sin olvidar la cantidad de clorofila que posee por sus carnosas hojas verde oscuro. Por todo ello, y por ser diurética y estimular la función de los riñones, es muy preciada tanto culinariamente como medicinalmente.

· TALLOS DE ACELGA SILVESTRE EN SALMUERA ·

Se denomina salmuera a un alimento que está sumergido en agua con sal; un antiguo método para preservar la comida usando la fermentación. Con ello se genera un ambiente ligeramente salado para que no se eche a perder la comida y que al mismo tiempo favorezca que los organismos vivos presentes en el agua y los alimentos, comiencen a fermentar el preparado. Es una técnica que a la vez que conserva el alimento evita la aparición de bacterias y microorganismos que puedan pudrir el mismo. Entre los fermentos más tradicionales de la cocina española donde se emplean la salmuera para su elaboración, están las cebolletas y los pepinillos en salmuera - con algo de vinagre para "sellar" y conservar aún más todo- , y las deliciosas aceitunas.

Lo que os voy a enseñar a continuación es básicamente a fermentar los tallos de la acelga silvestre por medio de esta técnica. ¿Preparados?

INGREDIENTES

- Tallos de acelga silvestre

- Agua
- 1 o 2 hojitas de laurel
- 1 o 2 ajos picados

PROCEDIMIENTO

1. Trocead los tallos de la acelga silvestre como haríais con los de la acelga que compráis en el supermercado. Eliminad los "hilos" de las pencas que puedan tener, pues a pesar de fermentarlos seguirán siendo incómodos en el paladar.

2. Meted los tallos de la acelga silvestre en un bote de cristal en posición vertical, echad los ajos picados y las 2 hojas de laurel.

3. Aparte, realizad la salmuera en un vaso de cristal. Para ello disolved la cucharilla de sal marina en algo de agua removiendo fervientemente, y verted todo en el bote con los tallos de acelga.

4. La salmuera deberá cubrir todo hasta que llegue casi al tope del bote. Colocad entonces un peso encima - una piedra, otro bote más estrecho, etc. - para evitar que los tallos sobresalgan por encima del agua. La idea es que todo quede sumergido bajo la salmuera.

5. Guardad todo en un sitio oscuro y ventilado a una temperatura constante - yo lo suelo dejar en una habitación que no uso o un armario en la despensa - y dejad que comience a fermentarse.

Normalmente burbujeará a partir del día 2 o 3, esto es señal de que la actividad interna del fermento va viento en popa. Simplemente esperad hasta que vuestro fermento tenga el sabor que os guste. ¿Y eso cuántos días son? En mi caso, unos 10-15 días son suficientes, pero hay preparados que los tengo todo un mes. Todo depende del sabor que queráis conseguir y la textura; a más tiempo, más intensos serán los sabores y más blando quedará todo.

6. Una vez hayáis encontrado "vuestro punto" y os guste como para consumirlo, cerrad con la tapa el bote y guardadlo en la nevera.

Normalmente dura varios meses en el frigorífico, aunque no creo que lo tengáis tanto tiempo porque está realmente delicioso.

USOS

El mayor uso que le doy es añadiéndolo a mis ensaladas de frutas, o picoteándolo con una tostada con queso por ejemplo. El jugo - la salmuera - tiene muchísimo sabor y yo lo suelo utilizar como condimento en las ensaladas, sustituyendo el vinagre o el limón. También sé de gente que se bebe a palo seco este líquido, pero a mi estómago personalmente le gusta más combinarlo con otras cosas.

*Una variante de esta receta es añadirle también las hojas. Esto lo suelo hacer a veces para aprovecharlas, porque no me apetece añadirlas a ningún otro plato o cocinarlas. Al ser hojas bastante carnosas, se fermentan muy bien junto con los tallos y en 3-4 días no suelen descomponerse - como sí lo harían otras hojas silvestres menos carnosas -.

Arándanos   *Vaccinium myrtillus L.*

En mi valle, cada verano recolectamos varios kilos de arándanos, que al principio se perdían por no saber cómo aprovecharlos o conservarlos bien. Ahora, al aprender las recetas que voy a compartir a continuación con vosotros, logramos preservarlos y consumirlos a lo largo de todo el año de diversas maneras.

El arándano es un arbusto bajo, de hojas pequeñas y duras al tacto, que en verano - aquí en Navarra hacia junio - da unos frutos, los arándanos, de color azul oscuro muy dulces. Estos frutos son ricos en vitamina C y se cuenta que los pastores que comían muchos arándanos solían conservar mejor vista que aquellos que no. Al igual que los arándanos, las hojas son conocidas por ser diuréticas y un buen depurador de los riñones.

Las recetas que expongo a continuación van en un orden natural y cronológico, porque es así como aprendí a hacer estos fermentos y considero, mejor se aprovechan. Primero empecé a fermentar los arándanos enteros o en zumo, pero a los meses de tanto abrir y cerrar los botes de la nevera, comenzaban a oler mucho a alcohol. Es entonces cuando descubrí que se me habían fermentado excesivamente y se habían hecho "vino" de arándanos. Yo no bebo alcohol, por lo que no me interesaba el fermento alcohólico que esporádicamente se había generado, pero si no es vuestro caso, ¡enhorabuena por vuestro delicioso vino! En este punto, sacaba los botes de arándanos de la nevera, los destapaba y dejaba fermentar a temperatura ambiente tapados con un paño - para evitar que insectos o moscas entrasen en mi preparado - hasta que el "vino" se hacía vinagre. Entonces lo pasaba a un bote de cuello largo y así lograba un vinagre de arándanos delicioso, que preservaba en la cocina para

54

seguir aprovechándolo durante el resto del año en ensaladas u otros platos.

Sin mucho esfuerzo y siguiendo el proceso natural de un fermento, pasaba de comer arándanos enteros, para después ingerirlos a modo de zumo y por último en vinagre durante todo un año entero. Ahora me parece de lo más natural, pero cuando comencé, me di cuenta de que siguiendo este ciclo, algo que recolectaba una vez lo podía seguir consumiendo durante los 365 días del año de un modo diverso. ¡Y pensar que antes comía los arándanos en verano y...ya! En fin, comencemos entonces por la primera receta.

· ARÁNDANOS FERMENTADOS ·

INGREDIENTES

- Arándanos enteros maduros
- Agua de manantial

PROCEDIMIENTO

1. Coged los arándanos enteros y metedlos en un bote de cristal hasta llenarlo casi por completo - dejando un dedo de altura entre los arándanos y la boca del bote -.

2. Llenad el bote con agua de manantial hasta arriba. Veréis que algunos arándanos tienen tendencia a flotar en la superficie, por lo que procurad poner un peso u otro bote/vaso encima para que estén sumergidos bajo el agua.

3. Dejad el bote en oscuridad fermentar a temperatura ambiente unos 3 días.

4. Cerrad el bote y conservadlo en la nevera. Normalmente a mí me suelen durar como 1 mes o mes y medio aproximadamente, y luego ya veo que empiezan a oler a alcohol.

Este fermento os puede durar más tiempo - 2 meses o más - si disolvéis 1 cucharadita de sal en el agua de manantial y lo cubrís todo con esta salmuera muy poco salada. Esto le dará un ligero toque salado a vuestro fermento, lo suficiente para que no lo notéis mucho pero se preserven mejor (recordad que la sal es un conservante). A mí me gusta sin sal, porque en realidad suelo usarlos para echarlos a ensaladas, en yogures...Y yo que soy de paladar fino noto la sal y no me gustan tanto, preparados de ese modo. Pero os lo digo para que sepáis que esta variante existe y que es perfectamente válida para que los conservéis así más tiempo.

USOS

Los echo en ensaladas de frutas, aunque también me gusta mucho ingerirlos con yogur o cuajada y algo de miel. El jugo de los fermentos por supuesto lo utilizo para aderezar ensaladas o lo bebo como zumo, pues está delicioso.

· ZUMO FERMENTADO DE ARÁNDANOS ·

INGREDIENTES

- Arándanos enteros maduros
- Agua de manantial
- 1 cucharadita de suero de leche (iniciador)

PROCEDIMIENTO

1. Coged los arándanos y machacadlos/batidlos con la batidora hasta hacerlos puré.

2. Colad las pieles del zumo usando un colador y cuando separéis el zumo, echadlo en un bote de cristal.

3. Echad también la cucharadita de suero de leche a la mezcla, removed y dejadlo a temperatura ambiente y en oscuridad de 1 a 3 días siempre tapado para evitar la entrada de insectos a vuestro preparado.

4. Cuando esté listo, cerrad el bote y guardadlo en la nevera. ¡Está delicioso!

5. Al cabo de un tiempo, veréis que os pasa como en la receta anterior y empieza a oler a alcohol. Os doy un consejo a los no-amantes del alcohol: continuad con la siguiente receta para poder aprovechar el fermento y convertirlo en vinagre.

*Aviso, al triturar algo en partículas más pequeñas como hacemos con este fermento, que lo batimos, estas partículas en contacto con el aire se oxidarán. Esto se traduce en que en el proceso de fermentación, se fermentará todo más rápidamente y se os hará alcohol enseguida. Por tanto, yo siempre prefiero realizar la receta anterior y cuando ya se "alcoholiza", triturar todo y pasar a la siguiente receta. Así al menos tenéis 2 recetas que comer antes de que se os haga alcohol, y no solo una, la presente.

· VINAGRE DE ARÁNDANOS ·

INGREDIENTES

• Zumo de arándanos o arándanos machacados

PROCEDIMIENTO

1. Dejad los arándanos machacados o el zumo en un bote a temperatura ambiente hasta que comience a oler a alcohol. Procurad taparlo con un paño para que no entren insectos.

2. Al principio revolved para evitar que aparezcan mohos en la superficie, sobre todo si están los arándanos machacados y hay pequeños trocitos en la superficie en contacto con el oxígeno.

3. Cuando empiece a oler a alcohol, entonces dejadlos fermentar un poco más hasta que se hagan vinagre - ahora ya sin remover -. Lo sabréis porque el olor se hará más agrio y si lo probáis sabrá completamente a vinagre. Notaréis también que se crea una "capita" más blanquecina en su superficie - como en la foto -, señal de que se está creando la "madre del vinagre".

4. Una vez se haya hecho vinagre, pasadlo a una botella de cuello alto - como los botes de vinagre o de vino - y guardadla a temperatura ambiente como haríais con cualquier vinagre comprado en el supermercado. Si usáis zumo de vinagre no hace falta que lo coléis, pero si habéis utilizado los arándanos machacados, este sería un buen momento para colar vuestro preparado y evitar los posos que luego surgen. Os lo digo porque a mí me ha pasado, aunque he de confesar que encontrar posos cuando echo el vinagre no me disgusta en demasía por lo que a veces ni lo cuelo.

Yo denomino a este fermento "vinagre de Módena" porque de gusto es muy dulce y asemeja ese sabor. Aviso que este vinagre dura muy poco porque ¡está riquísimo! Querréis utilizarlo en todas vuestras ensaladas.

NOTA IMPORTANTE: me gustaría comentar una opción que acelera muchísimo la creación de vuestro vinagre; consiste en hacer uso de un "iniciador". Básicamente tenéis que echar al fermento de arándanos una cucharadita de vinagre ya hecho en casa - o comprado que tenga fermentos activos - para acelerar el proceso de fermentación. Con ello lograréis que las bacterias que ya están activas en el vinagre que teníais, fermenten vuestro zumo de arándanos y lo hagan vinagre. Lo que no me gusta mucho de este método, es que no permitís que a las bacterias que están presentes en los propios arándanos fermenten todo y generen esporádicamente vuestro vinagre.

Resumiendo, con un "iniciador" lo que logramos es perpetuar un mismo tipo de vinagre, y eso, a mi modo de ver y saborear, carece de interés y os permite experimentar menos. Siempre que he utilizado un iniciador, lo he hecho en casos extraordinarios en los que necesito el vinagre pronto, o me ha gustado muchísimo el sabor de un determinado tipo de vinagre y quiero perpetuarlo. Para todo lo demás, os recomendaría que evitarais usar este paso, más que nada porque el vinagre es una de las cosas más fáciles de fermentar y es hermoso ver paso a paso cómo se va generando por sí solo, sin que vosotros hagáis nada más que observar y de vez en cuando revolver.

USOS

Lo suelo echar a ensaladas césar o en tostadas de queso y tomates cherry con orégano. Va genial con estos sabores.

Bellotas del género *Quercus robur L., Fagus sylvatica L. y Quercus ilex*

Las bellotas de roble, haya o encina son un alimento que ha sido utilizado culinariamente durante muchas generaciones. Actualmente existen ancianos que todavía recuerdan haberlas ingerido, especialmente en tiempos de guerra y cuando no había mucho más que comer. Mi *amatxi* - abuela -, recuerda haber comido bellotas en la posguerra, momento en que por fuerza se hacía un extensivo uso de los recursos del bosque y la naturaleza para subsistir. Es una pena que se hayan dejado de ingerir, pues son muy nutritivas y están llenas de vitaminas y minerales.

La receta que os dejo a continuación es una delicia, pero será de las pocas cosas que necesitaréis cocinar sí o sí, una vez fermentadas, pues de lo contrario asimilaríais muchísimos anti-nutrientes y no habría valido la pena el esfuerzo. El proceso de fermentación en las bellotas es un simple paso previo a su cocción e ingesta. Las bellotas, por su alto contenido en taninos, si no son previamente fermentadas y luego cocinadas, son indigestas; tal y como nos sentarían mal al estómago fermentar e ingerir garbanzos sin haberlos cocinado previamente. El procedimiento, por tanto, es un poco más costoso en tiempo, pero el resultado vale la pena. ¡Empecemos!

· CREMA DE BELLOTAS FERMENTADAS ·

INGREDIENTES

- 500gr de bellotas de cualquiera de las especies indicadas en el apartado, sin el capuchón o sombrero
- Agua de manantial

PROCEDIMIENTO

1. Machacad las bellotas un poco para quitarles así la piel externa que es bastante dura. Este procedimiento se puede realizar con un mortero, tal y como se ve en la fotografía.

2. Una vez desprendidas de su protección, trituradlas en un mortero o en una licuadora junto con un poco de agua de manantial hasta dejarlas en trocitos muy pequeños.

3. Proceded a "blanquearlas" o lo que es lo mismo, eliminar los taninos presentes en ellas. Para ello, verted agua de manantial en un bote y echad las bellotas trituradas en él, revolved y dejad que posen en el fondo del bote como se ve en la fotografía adjunta.

4. Guardad este bote en la nevera para que se vayan "fermentando" poco a poco. Cada día durante al menos una semana, sacad el bote del frigorífico, descartad el agua - que se habrá tornado marrón - y volved a añadir agua de manantial agitando un rato el bote para que se mezcle todo bien.

Veréis que al principio de la semana este agua se torna marrón oscuro y conforme van pasando los días el color se irá volviendo más claro e incluso transparente. Si lo probáis, notaréis que el líquido tiene un sabor menos amargo - este amargor nos indica que todavía hay taninos presentes en ellas -. Con este proceso de "blanqueamiento" se consiguen extraer la gran cantidad de taninos que contienen las bellotas y que no se pueden digerir muy bien.

5. Cuando pase una semana más o menos y veáis que el color del agua es más blanquecino, hervid las bellotas trituradas con esa misma agua durante 15' aproximadamente a fuego medio. También podéis echarlas a una comida que también vayáis a cocinar al menos ese tiempo (por ejemplo, una sopa o un arroz). ¡Ojo! Es importante remover bien porque suelen tener tendencia a pegarse al fondo de la cazuela. De este modo, la "harina" o crema de bellotas le va a dar un sabor increíble a vuestra comida, además de espesar esta si eso es lo que estáis buscando, como podría ser en un *risotto* o unas *crepes*.

Una vez hervidas, podéis también congelar la crema de bellotas y guardarla para cuando la necesitéis.

USOS

Suelo utilizarla para darle sabor a postres como bizcochos o tartas, aunque sobre todo la uso para echarla a sopas de verduras y raíces en invierno. Va genial en platos salados y dulces y es un ingrediente del campo que nutre y remineraliza el cuerpo.

Castañas   *Castanea sativa Miller*

Las castañas del castaño mediterráneo son un recurso del bosque que antaño eran enormemente apreciadas y empleadas. Se hacían papillas para alimentar a los niños, pan, sopas y cremas en invierno. Hoy por hoy lo más común es comerlas asadas o cocidas y   a mi parecer su sabor es exquisito.

En este apartado, os voy a enseñar unas recetas para fermentarlas y así poder digerir con mayor facilidad todas las propiedades que ofrecen, pero de un modo diverso.

A nivel nutricional, las castañas son ricas en carbohidratos y azúcares así como vitamina E, además de tener bastantes minerales. Nuestros ancestros las daban a los convalecientes o en casos de astenia, pero sabían que son difíciles de digerir por lo que nunca las recetaban en abundancia; basta unas pocas para nutrirse. Además, son galactógenas - es decir, incrementan la leche en las mujeres lactantes - y circulatorias. ¿Necesitáis saber más para atreveros a fermentarlas?

· LECHE FERMENTADA DE CASTAÑAS ·

INGREDIENTES

- Castañas secas
- Agua de manantial
- Anís estrellado
- 2 cucharillas de miel o sirope de ágave
- Nuez moscada
- Una pizca de algarroba (opcional)

PROCEDIMIENTO

1. Coced las castañas durante 15-20' con anís estrellado. Una vez cocidas y secadas, pelad las dos capas que tienen; la externa que es dura y amarga y aquella que está pegada al fruto.

2. Batidlas bien con una batidora o trituradora y algo de agua de manantial. Pasad el líquido a un bote de cristal y filtradlo con un colador. Lo que se queda en la gasa o colador - la pasta de castañas batidas - se aprovecha para echársela a unas galletas, a una sopa para

espesarla u otras recetas. ¡No se tira pues todavía contiene ciertos nutrientes!

3. Añadid el resto de ingredientes al líquido que queda abajo en el bote de cristal - la leche de castañas -. Dejadlo fermentar todo a temperatura ambiente en un sitio oscuro y ventilado durante 1 día siempre cubierta con un paño, guarecida de insectos o moscas.

4. Una vez hecho todo esto, cerrad el bote de cristal y guardadlo en la nevera para su consumición.

Al ser un líquido, se fermenta muchísimo más rápido que otros preparados, por lo que como máximo tenedlo un día o dos. Una vez pasado este tiempo, vuestra leche de castañas estará perfecta para ser degustada, con el añadido de que al fermentarse os puede durar en el frigorífico unas 2-3 semanas bastante bien o incluso más.

NOTA IMPORTANTE: he de advertir que no es una leche líquida como las que podemos ingerir de almendras u otras semillas. Al fermentarse, las castañas extraen sus mucílagos y la leche queda como gelatinosa e incluso algo espesita. En definitiva, necesitaréis agitar vuestra leche de castañas durante unos breves segundos antes de consumirla para que todo se mezcle bien.

USOS

Yo la suelo beber sin mezclarla con nada, aunque echándole unas cuantas cucharadas de algarroba es un buen sustituto de la leche con Nesquik de toda la vida. ¡Está deliciosa! Otra opción es tomarla con nuestros cereales favoritos o hacer un batido con frutas como el plátano, cuyo sabor casa muy bien con el de la castaña. ¡Animaros a probarla!

Diente de león   *Taraxacum officinale Weber*

El diente de león es una de las plantas más fáciles de identificar, pues con sus hojas dentadas y las flores amarillas, es inconfundible en cualquier parte del monte o incluso en un césped o hierba dentro de la ciudad. Se puede utilizar toda la planta, desde la raíz hasta las hojas y flores. En las recetas que expongo a continuación, utilizaremos tanto sus hojas como los capullos florales, que contienen muchísimas vitaminas y albergan grandes propiedades medicinales. Por un lado, sus hojas depuran los riñones - de ahí su epíteto "meacamas", pues hace trabajar a los riñones y promueve la micción -, el hígado y la sangre. Por otro lado, su sabor amargo nos indica que también hace las veces de digestivo y aperitivo. Echemos pues mano de tan increíble y sabrosa planta.

· ALCAPARRAS DE DIENTE DE LEÓN ·

Para esta receta, es importante recolectar los capullos de flores antes de su apertura total, normalmente durante las semanas previas al inicio del verano. Yo he llegado a recolectar algunas que están ligeramente abiertas, pero el sabor difiere y al fermentarlas son más propicias a quedarse blandas y estropearos la consistencia y texturas de vuestra creación. Están inmensamente más deliciosas si las cogéis muy verdes y cerradas, además de que es cuando más nutrientes encierran dentro de sí, y esto es siempre un punto a vuestro favor.

INGREDIENTES

- 1 puñado de capullos de flor de diente de león cerrados y verdes
- 1 hoja de laurel
- 4 granos de pimienta negra enteros y sin moler
- 1 ajo
- 1/2 cucharilla de sal sin refinar
- Agua de manantial

PROCEDIMIENTO

1. Recolectad un puñado de estos capullos y metedlos en un bote de cristal. Añadid 1 hoja de laurel, 4 granos de pimienta negra enteros y 1 ajo picado en trocitos pequeñitos.

2. Aparte, haced la salmuera mezclando media cucharadita de sal sin refinar y agua de manantial. Revolved bien la salmuera hasta que la sal esté disuelta del todo.

3. Verted la salmuera en el bote de cristal donde están todos los ingredientes y colocad un peso o algo que mantenga sumergidos los capullos florales y especias que habéis introducido en el bote, bajo el agua con sal. Para ello podéis colocar un bote más estrecho encima para que con su propio peso mantenga sumergido todo bajo la salmuera.

4. Dejad fermentar en oscuridad y a temperatura ambiente todo de 3 a 7 días tapado con un paño.

5. Después de ese tiempo cerradlo y metedlo en la nevera, se conservará estupendo durante meses.

Si queréis un sabor más fuerte y no os importa que los capullos se queden algo más blandos, lo que podéis hacer es dejarlo fermentar a temperatura ambiente hasta 15 días. Tened en cuenta que cuantos más días los dejéis fermentar fuera de la nevera, más fuerte e intenso será su sabor. Mi paladar está amoldado a un gusto extremo por lo que últimamente estoy dejando fermentar más de la cuenta los fermentos. Además, una vez me he comido los capullos florales, adoro usar el líquido de la salmuera con todos sus sabores y beneficios como aliño para las ensaladas.

USOS

A mí personalmente me encanta echarlo a ensaladas de hojas y queso. Lo podéis consumir como aperitivo con una tostada y queso o echándolo a recetas o platos sabrosos por encima a modo de complemento.

· *PESTO* DE HOJAS DE DIENTE DE LEÓN ·

Las hojas de diente de león son tiernas y deliciosas exactamente antes de la floración, osea se, entre el invierno y la primavera, cuando están brotando. Es en este momento cuando más energía y nutrientes tiene la planta en sus hojas, por lo que además nos aseguramos un plus nutritivo que en otras estaciones del año carece. Es importante que recolectéis las hojas antes de que la planta saque la flor amarilla porque una vez florece, las hojas se tornan muy amargas y bastante más "duras" al tacto. Para la presente receta de *pesto*, recomendaría evitar que las hojas sean "viejas" o bastas y recolectar solo las más tiernas y sabrosas; la diferencia está garantizada.

INGREDIENTES

- 1 puñado de hojas de diente de león
- 1 puñado de piñones/almendras
- 1-2 dientes de ajo
- 3 cucharaditas de aceite de oliva

- 1 pizca de sal
- 3 cucharaditas de yogur fermentado o queso
- 1 cucharadita de suero de leche (si empleáis queso)

PROCEDIMIENTO

1. Poned todos los ingredientes en un mortero o en un vaso de batidora, y batid/machacad hasta que todo se quede cremoso. A mí me gusta que se sientan los tropezones de las almendras, por lo que suelo echarlas casi al final y pestar poco para encontrármelas luego en el paladar. Las medidas aquí son meramente indicativas, pues cada uno sabe mejor cuántos ajos le gusta echar o si necesita más queso o menos. Ya que en este libro os estoy enseñando varios fermentos diferentes - como el yogur -, es una idea muy buena el que probéis esta receta con las 3 cucharaditas de yogur fermentado en vez de queso. Si usáis el yogur, no necesitaréis echar el suero de leche (porque el yogur ya tiene bacterias que vayan a fermentar el *pesto*), pero si usáis queso, entonces echad una cucharadita de suero.

2. Colocad toda la salsa en un bote de cristal y llenadlo hasta arriba, dejando aproximadamente 1 dedo de espacio hasta el tope. Tapadlo con un trapo para evitar la entrada de insectos en vuestro preparado y dejadlo fermentar de 1 a 3 días removiendo diariamente.

3. Veréis que el color se torna más oscuro. Tapad y guardadlo en la nevera.

USOS

Esto es todo un *boccato di cardenale*, como diría un verdadero italiano; es decir, una delicia. Yo lo como en tostadas por la mañana como desayuno. También está muy bueno como salsa para unos espaguetis o macarrones cuando uno tiene prisa y no quiere ponerse a hacer salsas muy elaboradas. Para ello, simplemente se saca la pasta y se pone en el plato, se le añade el *pesto* y se mezcla todo. Alguna vez lo he usado sobre un *risotto* o incluso añadido a una sopa para darle un toque impresionante a esta. Cuando cocináis verduras al horno, una vez sacadas y puestas en el plato, echad un poco de esta salsa por encima, sobre todo si hay patatas. ¡Es alucinante!

NOTA INTERESANTE: este *pesto* lo podéis hacer mezclando también las hojas de diente de león con otras plantas, como el llantén o incluso alguna así más sabrosa como el mastuerzo o la mostaza silvestre, o solo hacer el *pesto* de una de ellas. Es interesante realizar mezclas y probar cuál os gusta más. Eso si, ¡descartad las partes más fibrosas y solo usad las hojas! Yo una vez hice un taller en el que olvidé este paso y el resultado fue un *pesto* a tropezones no muy agradable al paladar.

Endrino   *Prunus spinosa L.*

El endrino es uno de los arbustos autóctonos más conocidos y fáciles de identificar por su espinoso porte y sus afamados frutos, los *arañones* o *pacharanes*.

El endrino ha sido altamente empleado en medicina popular desde la antigüedad, comenzando por sus flores que son laxantes, al contrario que los frutos que sabemos son muy astringentes. Además la corteza se utiliza en algunos sitios para desarmonías relacionadas con los aparatos circulatorio y renal, así como para mejorar los catarros.

He escogido este arbusto porque creo que es fácil de reconocer y pese a que puede ser confundido con el endrino mayor o ciruelo silvestre (*Prunus domestica subsp. Insititia*), no presenta problema alguno al no ser tóxica ninguna de ambas especies.

· *PATXARANES* FERMENTADOS ·

El endrino es muy conocido en mi tierra, Navarra, porque con sus frutos, los *arañones*, se elabora el famoso *patxarán*, una bebida alcohólica de gusto muy especial. La receta básica para un buen *patxarán* consiste en macerar en anís unos cuantos frutos del endrino y alguna especia - desde canela a granos de café - durante un tiempo, luego filtrar todo y consumirlo. Los más ancianos y no tan mayores suelen tomar esta bebida después de las comidas, porque ayuda al estómago en su tarea de realizar la digestión, sobretodo si es pesada.

En la receta que describo a continuación y al igual que en el ejemplo del *patxarán*, también se emplean los frutos, pero con un aire diverso; fermentándolos. Este es uno de esos preparados que, por curiosa, descubrí y ¡me encantó!

Como bien sabréis, los frutos aún estando maduros son muy amargos y ásperos en el paladar, por lo que no son nada agradables de ingerir. Lo bueno que tiene la fermentación es que cambia el sabor y la textura de los *arañones*, bastando aproximadamente unos 2-4 días para que estos sean comestibles y se tornen dulces y blanditos.

Lo más importante de este preparado es recolectar los frutos cuando están casi maduros - en Navarra suele ser hacia Agosto/Septiembre -, esto lo sabréis porque pasarán de un verde a un azulado oscuro, y al cogerlos los notaréis menos firmes.

Toxicidad: he de realizar una advertencia: los huesos del fruto - porque sí, tiene una simiente muy dura y del tamaño de un hueso de cereza pequeña - son tóxicos. Lo comento, no porque los podáis masticar, pues son como piedras y os romperíais probablemente un diente; sino porque existe el riesgo de tragaros uno sin daros cuenta. Por lo tanto, procurad no comeros o tragaros los huesos. Mejor medicina que evitar lo que sabemos no es bueno, no hay. De todos modos, y a pesar de todas estas recomendaciones, he de confesar que yo misma he llegado a ingerir 2 o 3 huesos sin saber esto y sigo viva.

Por último y no menos importante, cuando recolectéis los *arañones*, mirar bien si tienen alguna imperfección - si están agujereados por insectos, parcialmente rajados - y si es así descartarlos y quedaros con los más perfectos, bonitos y con la piel más tersa y lisa. ¿Por qué? Pues porque cuando los fermentéis, lo que pasará es que los frutos con imperfecciones serán los primeros que se echen a flotar, pues se romperán y ablandarán todo el preparado, además de que se verá algo feo.

Durante el proceso de fermentado y aunque hayáis seleccionado todos los *pacharanes* redonditos y sin daños visibles, los frutos se abrirán y subirán a flote poco a poco. Esto forma parte del proceso.

No os preocupéis, esto es porque al fermentarlos, la piel externa que es más tersa no puede contener la expansión de su interior más carnoso y acaba resquebrajándose y se sale todo afuera dando un aspecto de *apachurrado*. Su sabor es igual de delicioso que el del resto que todavía no han "estallado", solo que aestéticamente no se ven tan bonitos y su textura es demasiado blanda. ¡Ojo! Advierto que este no es un fermento para los más maniáticos de la perfección en los preparados culinarios, pues sí o sí, al final acabarán prácticamente todos los frutos "explotando" de su piel. *C'est la viè.*

INGREDIENTES

- **Arañones o frutos del endrino ligeramente maduros**
- **Agua de manantial**
- **3 o 4 hojas de menta o 1 ramita pequeña de hinojo**

PROCEDIMIENTO

1. Colocad los frutos enteros y bien maduros junto con varias hojitas de menta/hinojo en un bote de cristal hasta que casi lleguen a rebosar. Añadid la menta o el hinojo.

2. Verted agua de manantial hasta arriba colocando un peso encima. Normalmente al estar maduros, suelen quedarse abajo, pero si suben a la superficie por lo que sea, buscad el modo de que permanezcan sumergidos bajo el agua.

3. Dejad todo en un lugar oscuro y ventilado durante 2 o 4 días como máximo, tapado con un paño.

4. Cuando se vea que el fermento tiene burbujas en su superficie y al probar los frutos sepan dulce, cerrad con la tapa el bote y guardadlo en la nevera para su consumición.

Si esperáis más de 2 o 4 días, lo que obtendréis será un bote lleno de *arañones* flotando rajados y blandos porque los habréis dejado fermentar demasiado y se habrán expandido todos. No es necesario esperar tanto. Eso sí, si los recolectáis algo inmaduros, el tiempo de fermentación podéis alargarlo a semanas hasta que los probéis y estén dulces.

Si llega un punto en que abrís el bote y huele muy fuerte a alcohol; que no cunda el pánico, no hay porqué tirarlo todo. Para aprovecharlo, coladlo en un colador, machacad con el tenedor para separar el zumo de los huesos tóxicos y la pulpa. Verted el jugo que extraigáis de ello en un bote y dejadlo fermentar siguiendo los mismos pasos que para ejecutar el vinagre de arándanos. El vinagre que obtendréis de los *arañones* es increíblemente dulce, muy similar al del vino tinto.

USOS

Su sabor me recuerda al de las cerezas, por lo que los añado en postres – recordad que son digestivos – o incluso en ensaladas junto con otras frutas. También podéis simplemente coméroslos como si fueran aceitunas encurtidas; uno a uno. Basta con que os acordéis de escupir el hueso a tiempo y no ingerirlo por descuido. Y por supuesto nada de tirar el jugo que es digno de ser el aliño en cualquier ensalada y como sustituto del vinagre o del limón.

Rosa mosqueta   *Rosa canina L.*

La Rosa mosqueta es uno de los arbustos que más pueblan los montes de España e incluso aparece en zonas urbanas de mi tierra, Navarra. Se reconoce por sus espinas y por las flores rosadas que exhibe de cara a la primavera. La fragancia de estas flores es sutil, pero están cargadas de aceites esenciales muy nutritivos para la piel, entre otras cosas.

Las propiedades de la Rosa mosqueta son numerosas: a nivel tópico es famoso el aceite de rosa mosqueta para calmar las pieles sensibles y de todo tipo, reducir estrías y eliminar manchas de la piel. Sus frutos - los conocidos *tapaculos* o escaramujos - son altamente ricos en vitamina C por lo que posee propiedades antioxidantes muy efectivas también. Contiene además elevadas dosis de vitamina A y ácidos esenciales omega 3 y 6.

· AGUA DE ROSAS FERMENTADA ·

La receta que os muestro a continuación es una que elaboré casualmente un día para su uso en cosmética. En principio quería obtener algo parecido a un agua de rosas, por lo que se me ocurrió dejar fermentar los pétalos sin sal y sin nada durante unos días para ver qué ocurría. ¡Y mi sorpresa al oler este fermento y verlo burbujear vigorosamente durante los 3-4 días que lo tuve en mi armario fue toda una maravilla! Todavía hoy en día lo sigo utilizando en el rostro y cabello, añadido a mis lociones y champú que realizo. También se puede beber, pero...¡Me gusta más ungirme en él!

INGREDIENTES

- Pétalos frescos de Rosa Mosqueta
- Agua de manantial

PREPARACIÓN

1. Recolectad un buen día de sol las sumidades florales de la rosa

mosqueta. Siempre escoged las flores más hermosas, de pétalos rosados - evitad los blancos o los que ya están cayendo de la flor porque no tienen tantas propiedades y empiezan a marchitarse. Si además son de flores que se están comenzando a abrir, aún mejor. Oledlas y escoged las mejores.

2. Una vez tengáis una buena cantidad de flores, hay que separar los pétalos del conjunto de la flor como en la fotografía y solo meter los pétalos en el bote de cristal.

3. Añadid agua de manantial hasta cubrirlos.

4. Dejadlo fermentar en un lugar seco, aireado y oscuro, tapado con un paño para evitar la entrada de insectos en el mismo. En mi caso lo dejé fermentar espontáneamente, sin iniciador ni nada porque quería ver qué se generaría por sí mismo si lo dejaba a su aire. Tampoco es necesario ponerle un peso si lo vais removiendo día a día, de hecho es más interesante porque veis los pétalos mezclarse hermosamente en todo el conjunto. Pero también podéis colocar un peso encima para sumergir bien los pétalos y que no se oxiden.

5. Después de 3-4 días de burbujeo, ya tenéis vuestra agua de rosas fermentada lista. Cerrad el bote y conservarlo en la nevera para su uso.

USOS

Como os digo, este es uno de los fermentos que más uso en cosmética. No os voy a mentir, hay otros tantos de este libro que también, pero este en especial es el que reservo solo y exclusivamente a uso cosmético. Realizo lociones para mi piel y lo vierto en cremas y champú pues elaboro mi cosmética natural totalmente con hierbas del bosque, infusiones y fermentos. Pero supongo que vosotros podéis añadirlo a vuestras lociones y champú normales o simplemente empapar un poco de este agua de rosas en un algodón y limpiaros la cara con ella. Realmente amo este fermento, por su olor, porque la piel y el cabello se me quedan estupendos y porque ¡lo he hecho yo!

También lo podéis beber pues su sabor es muy delicado y peculiar, distinto a lo que usualmente conocéis. Existe una bebida muy típica en Chipre llamada "Triantáfilo" - que en realidad es el nombre que le dan a la Rosa - elaborada con agua de rosas muy concentrada, sirope y leche. ¿Os animáis a probarla?

Melisa   *Melissa officinalis L.*

La melisa es una planta que crece en zonas algo
húmedas de nuestro bosque, en cunetas o áreas
cercanas a un río. Se puede confundir visualmente
con la ortiga, porque sus hojas son de similar aspecto
y forma. Pero a diferencia de esta, si tocáis las hojas de la
melisa no os pinchan además de que emiten una fragancia a limón muy
agradable. Ese olor a limón tan característico de esta plantita es el
aceite esencial que tiene, cuyas propiedades son relajantes del sistema
nervioso en esencia. La melisa también es digestiva y carminativa por
lo que funciona muy bien, al igual que la menta, para cuando se
generan gases durante las comidas muy pesadas o copiosas.

NOTA IMPORTANTE: a continuación he descrito una receta con
melisa usando una Kombucha. Por tanto, sí o sí necesitaréis la madre
de la Kombucha para poder realizar el fermento, tal y como
necesitaríamos los nódulos de kéfir para realizar más kéfir.

La **novedad** que os presento es que para perpetuar la Kombucha,
solo necesitáis una infusión de melisa y azúcar/miel u otro edulcorante.
¿Cómo, que no se muere la Kombucha si no la alimentáis con una
infusión de té? ¡Pues no!

Vayamos por puntos. Para aquellos acostumbrados a realizar
Kombucha de sabores - limón, melisa, albahaca, etc. - en la que
elaboráis una 2º fermentación, os comento que con la melisa y otras
plantas ¡no necesitáis hacer una 2º fermentación! En todos los casos
que he leído y visto en los que explican cómo preparar y perpetuar la
Kombucha, supuestamente solo se hace empleando hojas de la planta
del té (*Camelia sinensis*) y azúcar. Si luego queréis darle otro "sabor" a
vuestra kombucha se supone que tenéis que realizar una segunda

fermentación con esas plantas porque si no el SCOBY* se moriría. Sinceramente a mí esto, desde un principio me parecía un poco extraño y ciertamente limitante. ¿Cómo?¿Que solo y exclusivamente se puede alimentar a la kombucha con hojas de té?¿No existe en el planeta otra planta de la cual se pueda alimentar? ¡Sí, claro que la hay, la melisa!

De algún modo siempre he sabido que un SCOBY se adapta a lo que le das, sobre todo si esa planta contiene el alimento que necesita ¡y en el caso de la melisa es así! Solo necesitaréis la madre de la Kombucha y la infusión de melisa y azúcar para alimentar a vuestra Kombucha. Nada de hojas de té *Camelia sinensis*, eso sí, al sustituir su alimentación y pasar de hojas de té a hojas de melisa, vuestro SCOBY por fuerza cambiará algo, pero morir...no morirá. Esto es posible porque la madre de la Kombucha en realidad necesita alimentos *"ricos en taninos, nitrógeno y componentes fenólicos"*[19]presentes en la infusión de hojas de té (*Camelia sinensis*) además de azúcar. Entonces, ¿qué pasa si encontramos una planta rica en nitrógeno, taninos y componentes fenólicos como la melisa, y seguimos dándole panela/azúcar?¡Pues que vuestro SCOBY se alimenta de ello y sobrevive! Bueno, no es que sobreviva, es que de hecho vive de ello, es su comida. Por lo que sí, podéis emplear la madre/SCOBY de Kombucha para fermentar otras infusiones de hierbas, no solo las del té.

Todo esto que os cuento, ha sido fruto de mi curiosidad y experimentaciones, que me han llevado a descubrir la existencia de

---

* SCOBY (Symbiotic Colony Of Bacteria and Yeast) es el acrónimo en inglés de una comunidad de bacterias y levaduras que viven interconectadas. En este caso, me refiero a la "madre" de la kombucha, a ese cultivo un tanto gelatinoso que sé genera en la superficie de vuestra kombucha.

19 https://www.kombucharesearch.com/research-articles/can-make-kombucha-herbal-tea/

varios estudios e investigaciones[20] al respecto. En ellos, se emplean diversas hierbas - hojas de roble, melisa, etc. -, y se verifica que es posible y factible alimentar un SCOBY de Kombucha exclusivamente con esas plantas y azúcar. Por todo ello, sé que además de la melisa, las hojas de roble, etc. existen otras tantas hierbas silvestres que también servirían aunque no hayan sido investigadas. Por lo que si recolectáis plantas ricas en los componentes que he mencionado anteriormente, podéis obtener resultados muy positivos, sin añadir las hojas de té. ¿Cuál es la consecuencia de esto? Pues que más de una vez vuestro SCOBY pasará hambre porque las cantidades de taninos y otros componentes necesarios para su supervivencia no serán a lo que estaba acostumbrado con la *Camelia sinensis (té)* o con la melisa, otras veces morirá porque en sí las plantas no serán viables como alimento y...¡Otras veces os sorprenderéis!

Veo también importante mencionar que, por supuesto, las propiedades medicinales de las hierbas a utilizar se verán cambiadas. Algunas cualidades serán potenciadas y otras inhibidas o reducidas como muestran las investigaciones, y esto es porque el SCOBY de la Kombucha es bastante reactivo, digamos. En el caso de la melissa, se sabe que los componentes antioxidantes son mayores en la Kombucha de melisa que en la Kombucha de hojas de té o la simple infusión de melisa, y las propiedades antibacterianas siguen siendo muy elevadas en la Kombucha de melisa. Por lo que en mi opinión considero que el uso de la melisa - cuyas propiedades me parecen más interesantes que las de la *Camelia sinensis* y además la tengo más a mano - para hacer Kombucha me parece de lo más interesante.

Por un lado siento que elaborando Kombucha con melisa podemos enriquecer nuestro patrimonio vegetal y perpetuar el SCOBY con una planta de nuestra tierra; y por otro, ampliamos nuestro entendimiento de qué son los fermentos y las posibilidades tan infinitas que nos

---

20   https://www.ncbi.nlm.nih.gov/pmc/articles/PMC5079149/

brindan...Me encanta descubrir que el límite de un fermento es más flexible de lo que pensaba.

· KOMBUCHA DE MELISSA ·

INGREDIENTES

- Madre/SCOBY de Kombucha
- Agua de manantial
- Panela/azúcar moreno
- Hojas de melisa

PROCEDIMIENTO

1. Haced una infusión de hojas de melisa.

2. Añadid panela o azúcar moreno cuando todavía está ligeramente caliente. Aproximadamente media taza de panela por litro de infusión es lo que se recomienda, pero yo siempre uso menos, id experimentando.

3. Dejad que la infusión se enfríe y cuando esté a temperatura ambiente, filtrad la infusión y vertedla en un bote grande de cristal de boca ancha.

4. Añadid la madre/SCOBY de Kombucha, colocad un trapo o algo encima para que no le entren moscas u otro tipo de insectos. Guardadlo en un lugar oscuro pues a la Kombucha no le gusta mucho el sol.

5. Dejadlo fermentar por lo menos 7-10 días. Yo suelo ir probándola a pequeños sorbos, porque los primeros días me desagrada su sabor. Es aproximadamente hacia el 5º día cuando su gusto realmente me satisface.

6. Cuando queráis ingerirla, cerrad el bote y metedla en la nevera para que se ralentice su fermentación. A mí personalmente me gusta volver a hacer una nueva tanda de infusión de melisa y panela, y alimentar a mi SCOBY con ello, evitando meterlo en el frigorífico. Recordad que la madre de la kombucha no crecerá tanto si la tenéis mucho tiempo en la nevera, pues el frío ralentiza su desarrollo.

PERPETUACIÓN

Para perpetuarlo, lo único que hay que hacer como os he dicho, es alimentarlo de nuevo siguiendo este mismo proceso. Vuestro SCOBY os lo agradecerá y os hará más SCOBYs - capas superficiales de la madre en vuestro fermento -. ¡Es hermoso ver cómo esto sucede! A veces con este tipo de fermentos me siento tan entusiasmada como en el milagro de los panes y peces.

USOS

Me gusta beberla fría antes de las comidas o como refresco. En invierno, suelo sacar un vaso y lo dejo calentarse a temperatura ambiente para que se me haga más agradable ingerirla. Ciertamente tiene un toque alimonado muy interesante.

Ortiga   *Urtica dioica L.*

La ortiga es una de las hierbas silvestres más conocidas, pues todos nos hemos pinchado con sus hojas y cuando vamos al campo sabemos generalmente identificarla fácilmente, sobre todo para evitarla. Esta abundantísima planta tiene muchísimas propiedades tanto nutricionales - sales minerales, hierro, vitaminas, etc. - como medicinales. Es un gran diurético, depura la sangre, es circulatoria y ha sido empleada para problemas de piel (acné juvenil, eccemas), entre otras cosas.

Yo personalmente la he recolectado para echarla en potajes o para hacer crema de verduras con patatas, pues el sabor de sus hojas en este tipo de recetas casa muy bien.

En este apartado os voy a enseñar a usar sus hojas para varios fermentos. Para evitar urticaros, necesitaréis cortarla desde abajo con mucho cuidado o usando guantes de cuero para evitaros daños mayores. Recolectad siempre la parte aérea de la planta, con las hojitas frescas y verdes. Si tiene flores, cogedla con flores y si no, solamente las hojas más tiernas y bonitas.

· CUAJADA DE ORTIGA ·

A estas alturas del libro, os habréis dado cuenta de que soy una fanática del movimiento *SlowFood*[21] y de esa "lentitud" en los procesos gastronómicos que tan presente está en estos tiempos.

Esta manera de ser que tengo hace que me guste muy poco el recalentar las cosas o utilizar el fuego para algo que por sí mismo se puede generar. En el caso de la cuajada, sabed que antiguamente no era necesario el uso de cuajo animal/vegetal ni de calentar la leche, sino que esta se generaba de manera espontánea dejando la leche cruda agriare unos días a temperatura ambiente. De forma natural, esa leche agria se comenzaba a cuajar y *voilà*, ya teníamos una cuajada.

Hoy por hoy, como la mayoría no tenemos acceso a leche cruda y hay ciertas regulaciones con respecto a este tema que tampoco facilitan su obtención, optamos por comprar la leche en el

21 *SlowFood* es un movimiento internacional que nació en Italia y aboga por la preservación de las tradiciones gastronómicas y los métodos de cultivo ancestrales. Para más información ver: https://españaslow.es/

supermercado. Lo que ocurre con esta leche comprada es que ya ha sido calentada de algún modo - bien pos pasteurización o uperización - por lo que a falta de bacterias vivas presentes en dicha leche, necesitaréis sí o sí cuajo vegetal/animal para realizar vuestra cuajada. Si optarais por intentar dejar "agriar" una leche pasteurizada - y no hablemos ya de la UHT -, que sepáis que es posible que se os pudra fácilmente, pues yo he intentado hacer la prueba y en un día o dos la leche huele a que hay que tirarla directamente. Como digo, esto sucede porque en el proceso de pasteurización/uperización la leche ha sido calentada a altas temperaturas y pierde una gran cantidad de bacterias vivas, por lo tanto no es capaz de fermentarse y agriarse por sí misma. Añadiendo cuajo vegetal o animal a la leche del supermercado, podéis aportar esas bacterias que la fermentan. En el caso que nos concierne, os enseño a emplear cuajo vegetal, concretamente usando ortiga.

La cuajada creada por vosotros mismos no tiene nada que envidiar ni en sabor ni en textura a las que compráis en cualquier tienda. Además de todo esto, el beneficio que acompaña a este cultivo vivo, es que *"el proceso de fermentación rompe parcialmente la lactosa y predigiere la caseína"*[22] de vuestra cuajada. Esto es una muy buena noticia para aquellos que tienen alergia a la caseína o intolerancia a la lactosa, puesto que hace más fácil de digerir ambas sustancias. Lo comento porque yo que estuve un tiempo de mi vida con problemas a la hora de tomar lácteos de todo tipo, en cuanto empecé a fermentar el yogur y a realizar cuajadas por mí misma, descubrí sorprendida que me sentaban estupendamente. Podía comer grandes cantidades de estos alimentos fermentados sin ningún problema, cuando antes cualquier yogur comprado me daba una patada en el estómago.

---

22 Fallon,S. and G., Mary (2001). *Nourishing traditions: the Cookbook that Challenges Pollitically Correct Nutrition and the Diet Dictocrats*, (p.33). Brandywine, USA: NewTrends Publishing, Inc.

Animo a todos aquellos que tengáis intolerancia o alergia a algún elemento presente en la leche, a que probéis y veáis cómo reacciona vuestro cuerpo con este fermento. Eso si, a los más hiper-sensibles de los productos lácteos, les diría que escuchéis atentamente todas las señales de vuestro sistema digestivo porque aunque la fermentación ayude, puede que vuestro cuerpo sea excesivamente reactivo y no le siente bien. No vale la pena en ese caso malgastar tiempo y esfuerzo en crear o ingerir este fermento ¡pasad a otro y observad la respuesta de vuestro organismo! No todo funciona para todos, pero siempre hay algo que nos sienta bien, descubrirlo es todo un menester.

INGREDIENTES

- 1 buen puñado de hojas de ortiga
- 500ml leche pasteurizada o cruda de vaca/oveja/cabra[23]

PROCEDIMIENTO

1. Verted la leche en un bote y colocad las hojitas de ortiga dentro. Yo añado todo un ramillete de ortiga al bol.

2. Dejad fermentar a temperatura ambiente durante 24-72h o hasta que esté cuajada en vuestro caso. Lo sabréis porque al mover ligeramente el bote, ya no se moverá la leche líquida sino que comenzaréis a ver una consistencia tipo flan o cuajada.

3. Esperad bien a que esté cuajada del todo. Recordad que si colocáis el bote en un armario o en una zona más caliente de la cocina, tardará menos en cuajarse. Retirad las hojitas de ortiga con los dedos - tranquilidad que los pelitos urticantes con la leche ya no pinchan -.

---

23 Históricamente el cuajo vegetal se añadía a la leche de oveja o cabra, porque era más fácil su cuajado. Ciertamente con la leche de vaca saldrá bastante más suero, pero se cuajará. La mayor parte de las cuajadas y yogures que he elaborado son con leche pasteurizada de vaca y me han salido deliciosos.

4. Después cerrad el bote y conservadlo en el frigorífico para su consumición.

¡Disfrutadla como gustéis y cuando queráis! Es como una "leche" infusionada de propiedades medicinales de la ortiga, y le da a la cuajada un buen sabor^{**}.

USOS

Yo la como con frutas y miel, con frutos secos, la uso como sustituto de la nata en algunas salsas - como pollo al curry -, etc. De todos modos, considero que lo mejor es comerla en crudo y no cocinada, pues así nos introducimos el 100% de propiedades que tiene.

PERPETUACIÓN

Para perpetuar la cuajada, seguid los siguientes pasos:

1. Coged una cucharilla de cuajada de ortiga y echadla en un tarro de cristal. Añadir leche hasta arriba.

2. Removed bien para que todas las bacterias presentes en la cucharilla de cuajada se mezclen con la leche.

3. Tapad con un trapo para que no entren moscas o insectos y dejad todo fermentar a temperatura ambiente hasta que se vuelva a cuajar - normalmente 1-2 días -.

4. Una vez cuajada, cerrad el bote de cristal y guardadlo en la nevera para consumirlo.

Lo bueno de este tipo de fermentos es que se pueden perpetuar infinitamente en el tiempo. Siempre vais a poder generar una nueva cuajada con un poco de la anterior, porque las bacterias presentes en este tipo de fermentos son muy potentes. Si intentarais hacer lo mismo con una cuajada comprada en el supermercado, podríais perpetuarla unas pocas semanas y luego, esta perdería fuerzas y acabaría por no

---

*   La ortiga le da un gusto bastante suave a la cuajada. A mí me recuerda a la del queso tierno.

fermentaros nada. Básicamente la leche se empezaría a pudrir en vez de cuajarse por esta falta de bacterias vivas que comento de la cuajada comprada del supermercado. Es decir, que sí o sí llegaría un punto en que tendríais que volver a comprar una nueva cuajada para iniciar todo el proceso. ¡Un rollo! ¿Para qué vais a hacer esto si con solo una vez que elaboréis la receta que os presento de cuajada de ortiga, vas a poder perpetuarla para siempre?

NOTA PARA VEGANOS: si os fascina el mundo de las leches vegetales y torcéis la nariz cuando veis que expongo recetas con leche de vaca, oveja o cabra, sabed que ¡también existe una alternativa para vosotros! Realizando experimentos con ortiga y diferentes leches vegetales para hacer cuajada, descubrí que la ortiga también cuaja leches vegetales como la de almendras o la de coco. Si bien es cierto que descartaría el uso de leches de frutos secos puesto que el cuajado en estas es mínimo y la mayor parte de la cuajada se queda solo en suero, descubrí que se puede realizar una deliciosa cuajada vegana con ortiga y leche de coco. La leche de coco comprada y mezclada a temperatura ambiente con ortiga, siguiendo los pasos aquí descritos, genera una cuajada bastante espesa y ácida en sabor. Además, esta cuajada vegana sigue siendo un fermento que podéis perpetuar ilimitadamente, al igual que la cuajada de leche animal. Para perpetuarla debéis verter una cucharilla de cuajada de leche de coco en un tarro, añadir más leche de coco y dejar a temperatura ambiente a que esta se cuaje - normalmente en 24h ya la tendríais -.

· QUESO TIERNO DE ORTIGA ·

He de decir que soy una apasionada de los quesos, pero no tengo tanta experiencia elaborándolos, además de que la cantidad de tipologías y variedades que existen y se generan cada día es ya de por sí abrumador. Lo que sí puedo mostraros es cómo he dado mis primeros pasitos en el mundo de los quesos utilizando la ortiga como cuajo vegetal, la cual infunde un sabor bastante suave a vuestro queso.

INGREDIENTES

- Cuajada de ortiga
- Sal (opcional)

PROCEDIMIENTO

1. Una vez elaborada la cuajada de ortiga, filtrad con una gasa, dejando caer el suero en un bote de cristal como haríamos con el *Labneh* - queso de yogur - y quedaros con la "cuajada" seca en el paño. Es un modo de concentrar esa cuajada extrayendo y filtrando el suero en ella. Básicamente lo que hacemos es aprovechar un fermento - la cuajada - que tenemos elaborado, para dar un paso más y alzarlo a "queso".

2. Después de unas 24 o 72h aproximadamente dejando filtrar la cuajada, prensadla. Si deseáis salar el queso, este es un buen momento para hacerlo, porque una vez compactado resulta realmente inviable hacerlo. Para prensar vuestro queso, dejad la cuajada filtrada en un escurridor y ponedle un peso encima, esperad unas 4 horas, dadle la vuelta y dejadla otras horas más.

3. Después de esto, el queso ¡ya está hecho! Podéis dejarlo incluso 1 día entero más si lo deseáis especialmente seco o compacto.

USOS

Como haría con cualquier queso tierno, lo añadiría en ensaladas, en tostadas con miel y frutos secos. También lo podéis hacer helado, o bien consumirlo solo, derritiéndose en vuestra boca. ¡Las posibilidades son infinitas! Lo hermoso de esto es que os estáis tomando las propiedades de la leche que hayáis escogido y las de la ortiga, dos en uno, en cada bocado. ¡Ñam!

· QUESO "A LA PROVENZAL" ·

INGREDIENTES

- Cuajada de ortiga
- Sal
- Aceite de oliva
- Hierbas provenzales secas en trocitos pequeños (salvia, romero, tomillo)*

*En cuanto a las hierbas provenzales a echar: las más empleadas son Tomillo, Albahaca, Romero, Menta, Salvia...Yo, como veis en la receta, solo he escogido 3 de ellas porque ya me parece que los aceites esenciales presentes en 3 hierbitas son suficientemente potentes en sabor, pero podéis experimentar como queráis con esto.

PREPARACIÓN

1. Elaborad una cuajada y filtradla siguiendo los mismos pasos que para el queso anterior. Aquí es cuando a veces me gusta salar el queso antes de compactarlo bien, porque acentúa el sabor del romero y la salvia que a modo de pasta se esparce sobre la superficie del queso.

2. Prensad la cuajada durante 1 día más o menos con una gasa de quesero o trapo.

3. Mezclad aceite de oliva y las hierbas provenzales escogidas hasta hacer como una pasta. No tiene que ser ni muy líquida ni muy sólida, sino con la consistencia justa para poder esparcirla con las manos por todo el queso y que no se "caigan" o se desprendan las hierbas. Repartid esta pasta por toda la superficie del queso, incluidos los laterales.

La cuestión es que los trozos de las hierbas sean pequeños y no molesten al masticar el queso, pero tampoco hace falta que los hagáis polvo porque sería bastante incómodo espolvorear estas hierbas por encima.

4. Dejad en un plato limpio a madurar el queso durante 2 semanas para que coja un poco de sabor de las hierbas y se seque aún más. Para que no os salgan mohos no deseados en la corteza de vuestro queso, lo mejor es que lo guardéis en la nevera y lo vayáis madurando ahí, o en un lugar a menos de 8°C para que sea más difícil que estos aparezcan.

USOS

En este caso, al llevar ya de por sí las hierbas provenzales que le dan un sabor muy exquisito al queso, no necesita más que pan o algo dulce - miel, arándanos, etc. - para ser degustado. Lo suelo comer en tostadas con ajo y un poquito de aceite de oliva por encima, o en cubitos sobre pasta o verduras al horno.

Oxicedro   *Juniperus Oxycedrus L.*

El oxicedro es un arbusto muy común en numerosos bosques de España y esta especie en concreto, confundida habitualmente con el enebro, se distingue de este porque los frutos maduros del primero son marrones, mientras que los del enebro son rojos. Las bayas son tiernas y dulces cuando se trata de este arbusto o el propio enebro, mientras que las variedades de enebro consideradas tóxicas producen frutos con sabor amargo y excesivamente fuerte. ¡Ojo!

El inconfundible fruto es lo que vamos a utilizar para este fermento. Me basaré en una bebida llamada *Smreka* tradicional de Bosnia y Herzegovina, que en verdad se realiza con enebro y no con el oxicedro, pero que su resultado asombrará a cualquier paladar.

En cuanto a las propiedades del fruto, me parece interesante comentar que ha sido utilizado para problemas de acné, psoriasis y piel escamosa; y también para los riñones. Posee además propiedades antirreumáticas y es un excelente tónico estomacal, entre otras cosas. ¡Imaginad la cantidad de medicina herbal que estaréis consumiendo con esta receta!

· **SMREKA** ·

INGREDIENTES

- 3 puñados de bayas de oxicedro (usualmente maduras, pero

también podéis realizarlas con los frutos verdes o semi-maduros como en el ejemplo de la fotografía).

- 2 rodajas de limón (opcional)
- Agua de manantial

PROCEDIMIENTO

1. En un bote, verted los 3 puñados de bayas de oxicedro y las 2 rodajas de limón.

2. Añadid agua de manantial hasta que consideréis.

3. Dejad fermentar todo tapado con un paño para evitar la entrada de insectos en vuestro preparado. Esperad de 7 a 14 días a temperatura ambiente y en penumbra a que se fermente correctamente.

4. Removed cada día el fermento para que todo se vaya mezclando bien y las bacterias encargadas de la fermentación realicen su trabajo. Supuestamente, la *smreka* está realmente hecha cuando las bayas estén todas en el fondo, pero también podéis esperar solo a que la mitad de los frutos se hayan sumergido, y filtrarla entonces. Podéis reutilizar al menos una segunda vez las bayas de oxicedro, y ver cómo finalmente todas ellas se quedan en el fondo del bote. Creo que todavía no he hecho una *smreka* en la que la totalidad de las bayas se hayan posado en el fondo del bote a la primera - siempre queda alguna lista para ser reutilizada flotando en la superficie -.

5. Cuando esté finalizada, filtradla y guardadla en la nevera para poder consumirla sin que siga fermentándose en exceso.

USOS

Bebida como un refresco, en cualquier momento que se desee. Lo cierto es que el sabor de la *smreka* es bastante peculiar y el añadir limón la hace más interesante. No es para todo el mundo, pues es un tanto "ácida", como una limonada especialmente cítrica, pero si sois de

los que os gusta comer un limón a palo seco, entonces esta bebida sí
o sí os va a encantar.

Pino albar   *Pinus sylvestris L.*

El pino albar crece en los bosques europeos de manera natural y espontánea, fácil de identificar de otras pináceas importadas por la tonalidad verde de sus agujas y sus inconfundibles piñas marrones. He escogido este árbol porque es común y porque todos o casi todos lo sabemos identificar bien.

El pino es bien conocido como expectorante y sus yemas son utilizadas para subir las defensas del cuerpo. Además, se sabe que contiene cantidades significativas de vitamina C en sus agujas. También se ha utilizado muchísimo por su resina y su corteza.

Yo lo que más empleo en mis fermentos son las agujas de pino y la piña - cargada de levaduras -, tanto por el sabor que dan a mis preparados, como por las propiedades medicinales y nutricionales que estoy ingiriendo a través de ellos.

· BEBIDA FERMENTADA CON AGUJAS DE PINO ·

INGREDIENTES

- Agujas de pino frescas o recién recolectadas
- Agua de manantial
- 1-3 cucharaditas de miel/sirope de ágave
- Cáscara de limón (opcional)
- 1 cucharita de suero de leche a modo de iniciador (opcional)

PROCEDIMIENTO

1. Coged las agujas de pino, incluidas las ramitas del pino sujetas a ellas, y cortarlas en trocitos pequeños. Si las masticáis en crudo, notaréis ese sabor un tanto ácido que recuerda al limón en las agujas de pino frescas. Están riquísimas así que podéis entender a qué os va a saber vuestro fermento una vez finalizado.

2. Rellenad con ellas un bote de cristal y añadid de una a tres cucharaditas de miel o sirope de ágave. Echad agua de manantial y la cucharita de suero de leche hasta casi llenarlo del todo. Aquí podéis añadir un poco de cáscara de limón, porque encaja muy bien con este fermento, o incluso experimentar con especias o hierbas del bosque que casen bien con este sabor - menta, flores de tojo, etc. -.

3. Como veréis, las agujas de pino tienden a flotar sobre la superficie del agua, por lo que colocad un peso - piedra, otro bote, etc. - que mantenga todo bajo el agua de manantial.

4. Dejad fermentar a temperatura ambiente tapado con un paño durante 3 días y ya estaría listo.

5. Para conservarlo, cerrad el bote y guardadlo en la nevera. En verano este fermento me suele durar menos de 2 semanas de lo rico y fresquito que está. ¡Salud!

USOS

Yo suelo guardarme una bebida de pino para tomarme en los meses de invierno o incluso a veces empiezo en pleno otoño, para ir subiéndome las defensas de cara al frío y evitarme catarros importantes. Soy consciente de que quizás en pleno invierno no apetece tanto algo fresquito, pero podéis tomarlo a sorbos, o también dejarlo que se atempere un tiempo fuera del frigorífico. Podéis beberlo ya sea entre comidas o mejor aún, en ayunas que es cuando más impacto tienen las propiedades medicinales en nosotros.

· YOGUR DEL FRUTO DEL PINO ·

INGREDIENTES

- 1 piña de pino cerrada (verde)
- 1 litro de leche animal (vaca, cabra, oveja...)

A continuación voy a explicaros 2 procedimientos diferentes para realizar yogur, uno mesófilo y otro termófilo. Cuando hablo de yogur mesófilo, me refiero a un yogur en el que la leche no necesita ser calentada a una temperatura concreta para que se forme dicho fermento, ni tampoco requerimos de yogurteras o algo que mantenga su calor. En el caso del yogur termófilo, que es el más conocido por todos, sí es necesario tanto calentar la leche a cierta temperatura como seguir manteniendo el fermento caliente hasta que se haga.

Las principales diferencias entre un yogur termófilo y mesófilo son:

◆   Por un lado, las BACTERIAS presentes en cada uno de ellos. En las del yogur termófilo, como la leche es calentada a una cierta temperatura. se consiguen activar las bacterias termófilas (del griego "termo" = caliente y "filos" = afinidad; termófilo = afinidad a ciertas temperaturas), mientras que estas no están presentes en el yogur mesófilo.

◆   Por otro lado, la TEXTURA de uno y otro es diversa. El yogur termófilo es más consistente y parece mejor "cuajado" que el yogur mesófilo, que se queda algo menos firme y más líquido.

En especial, tengo predilección siempre por realizar yogures o fermentos lácteos mesófilos porque me parece más sencillo, se hace un gasto menor de energía - no hay que encender fuegos para calentar absolutamente nada - y simplemente se usa la temperatura ambiente del hogar para "cocinar" estos fermentos. Simple, sencillo y económico. *Slow*-yogur.

PROCEDIMIENTO PARA EL YOGUR MESÓFILO

1. Colocad en un bote la piña verde con las escamas seminíferas cerradas todavía - pues contienen todas las bacterias y levaduras que van a hacer de nuestra leche un yogur magnífico -. He realizado esta receta con las piñas ya maduras y abiertas [como en la foto] pero a veces no se fermenta bien el yogur así que para evitaros problemas os aconsejo usar siempre piñas verdes.

2. Verted la leche en el bote junto con la piña verde.

3. Cubrid con un paño el bote para que las moscas y otros insectos no caigan a la leche y dejad a temperatura ambiente este fermento durante 3-4 días hasta obtener el yogur.

4. Una vez fermentado, retirad la piña y guardar el yogur en la nevera para consumirlo.

NOTA IMPORTANTE: veréis que se os puede cuajar en cuestión de horas o 1 día, pero ¡eso no significa que el yogur "esté hecho"! Para ingerirlo con todo su potencial, os aconsejo esperar al menos 3-4 días en verano y hasta una semana en invierno fermentándolo a temperatura ambiente. Esto lo digo porque en invierno hará más frío en vuestras casas o donde coloquéis este fermento, que en verano, y a mayor frío, más días de fermentación necesitaréis para vuestro yogur. Si además sois intolerantes a la lactosa, sabed que es aún más importante seguir este consejo, pues el hecho de consumir el yogur cuando esté simplemente cuajado puede alterar vuestro organismo. Os aconsejo además dejar "reposar" el yogur unos días más más en la nevera, antes de consumirlo sobre todo para aquellos con intolerancia o problemas con la leche.

PROCEDIMIENTO PARA EL YOGUR TERMÓFILO

1. Calentad la leche entre 44-45 °C - evitad que no sobrepase los 48°C porque las bacterias acido-lácticas serían destruidas -.

2. Una vez calentada, verted la leche en el bote con la piña.

3. Colocad todo en una yogurtera hasta que se haya hecho (8h-12h). También podéis envolverlo en un paño y colocarlo en un lugar calentito - el horno, o un armario cercano al fuego - para mantener una temperatura bastante constante y que se os haga.

4. Una vez hecho el yogur, retirad la piña y colocad los yogures en la nevera para su consumición.

NOTA IMPORTANTE: para consumirlo y al igual que os he comentado en el caso del yogur mesófilo, os aconsejo dejar "reposar" el yogur en la nevera durante al menos unos cuantos días y luego ya consumirlo. Esto ayudará a que la lactosa se descomponga lo suficiente como para que una vez consumido se asiente en el estómago estupendamente.

....

NOTA IMPORTANTE: la primera vez que hice este fermento, creí que se me había pasado y lo tiré, pues tenía un sabor muy fuerte para mi paladar poco acostumbrado a los fermentos entonces. Cuando realicéis este fermento, ya sea por el método mesófilo o termófilo, puede que os parezca que tiene un sabor terrible. A este yogur tan intenso en sabor lo llamo "madre del yogur" y sabed que ¡no se tira! En vez de consumir ese yogur tan fuerte de sabor, lo que hago es utilizarlo a modo de iniciador para preparar de nuevo una tanda de yogur. Para ello basta con que echéis esta "madre del yogur" de nuevo a unos botes de cristal de 250ml individualizados; una cucharadita por bote. Verted leche - calentada si seguís el método termófilo o sin calentar – hasta llenar los botes y poned un paño por encima. Seguid los pasos siguientes para cada tipología de yogur y ¡*voilà*! Obtendréis así un yogur que ahora sí os apetecerá comer pues de algún modo se autorregula la acidez y el sabor del mismo y el resultado es un yogur súper sabroso. ¡A disfrutar!

PERPETUACIÓN

Yogur mesófilo:

1. Coged una cucharilla de yogur de pino y vertedla en un tarro de cristal.

2. Añadid leche pasteurizada y revolved bien todo. Mezclarlo es importante para que todas las bacterias acido-lácticas presentes en esa cucharilla de yogur se esparzan por toda la leche y vayan generando el yogur.

3. Tapad el tarro con un trapo para que no le entren moscas y dejadlo a temperatura ambiente hasta que se genere el yogur - normalmente 3-4 días -.

4. Cerrad la tapa del tarro y guardadlo en la nevera para su consumición.

Yogur termófilo:

1. Calentad la leche a 44-45°C y vertedla en botes de cristal. Añadid una cucharadita del fermento de yogur termófilo en cada uno de los botes.

2. Revolved la leche de cada tarro para que todo se mezcle bien. Encended la yogurtera y dejad los tarros de 8 a 12 horas dentro de esta hasta obtener el yogur.

3. Una vez elaborado el yogur, cerrad los tarros y guardadlos en la nevera para ir consumiendo vuestro fermento.

Al igual que la cuajada, este fermento lo podéis perpetuar infinitamente.

NOTA PARA VEGANOS: del mismo modo que comentaba en la receta de cuajada de ortiga, también podéis fermentar leche de coco con el fruto del pino para elaborar un delicioso yogur de leche de coco. Este yogur difiere de la cuajada en acidez y textura, pero igualmente se puede perpetuar y está delicioso. Yo empleo para ello el método del yogur mesófilo, pues cuando calentamos un alimento algunas propiedades las perdemos, y sinceramente, amo la leche de coco tal y como es.

· *LABNEH* DE PINO EN ACEITE ·

El *labneh* es un yogur colado o queso de yogur muy típico de Oriente Medio. Esta receta la encontré por casualidad y fue uno de mis primeros fermentos a realizar lácteos. Su sabor es muy mediterráneo y seguro os encantará. ¿Preparados?

INGREDIENTES

- *Labneh* de yogur de pino
- Aceite de oliva
- Romero, albahaca y otras especias al gusto
- Sal (opcional)

PROCEDIMIENTO

1. Elaboración del *Labneh* de yogur de pino y filtrado del mismo:

realizad un yogur usando las piñas de pino. Filtrad y prensadlo para compactarlo lo máximo posible, como expliqué en el capítulo inicial para realizar *Labneh* y extraer el suero de leche. En este paso es cuando deberéis decidir si salar vuestro queso de yogur o no - en mi caso lo prefiero un poco salado, pero no es necesario -.

2. **Elaboración de bolas de queso:** para que no se os peguen en las manos mucho, yo me hecho unas gotitas de aceite de oliva, tomo con una cucharilla un poco de este yogur filtrado y como si fuese una albóndiga, voy dandole forma con la palma de mis manos hasta que se queda como una pelotita de queso. Si no habéis secado/prensado bien el queso de yogur, las pelotitas se os pegarán más, solo eso.

3. **Sumergir las bolas de queso en el aceite:** echad un poco de aceite de oliva en el tarro de cristal que hayamos elegido, y añadid las bolitas de queso junto con las especias en el mismo. Id rellenando con más aceite hasta que quede todo bien sumergido.

4. **Dejar macerar las bolas de queso de yogur en aceite y especias:** con la tapa puesta, en un lugar donde no le de el sol - por ejemplo dentro de un armario de la cocina es una buena opción - durante el tiempo que queráis.

Cuanto más tiempo permitáis que madure el *labneh* en el aceite de oliva, mayor intensidad adquirirán las bolas de queso y el propio aceite. Yo suelo dejarlo mínimo unas 2-3 semanas, pero a veces no aguanto tanto, lo abro ya la primera semana y voy comiendo del bote hasta que se acaban las bolas de queso. ¿Y qué pasa con el aceite con romero y albahaca? Pues que una vez habéis consumido las bolas de queso, ¡ese aceite se reutiliza! Lo podéis usar para ensaladas o aliñar pasta, sobre tostadas con tomate y sal, vertido encima de unos espárragos...Recordad que este aceite contiene todas las propiedades medicinales tanto del romero y de la albahaca como del *labneh*. Su sabor además es exquisito.

USOS

Este queso tiene un sabor muy mediterráneo por las especias añadidas y me gusta usarlo en pastas, sobre patatas o verduras asadas, etc. Gratinado pierde un poco tanto la textura como su sabor, así que es mejor trocearlo y añadirlo crudo por ejemplo sobre una ensalada griega, que calentarlo. Las propiedades de este queso son múltiples tanto por el aceite donde ha sido macerado y las especias que hayáis escogido, como por la piña de pino en sí, por lo que me parece ya un plato más que completo en muchos aspectos, nutricional y medicinalmente.

Saúco   *Sambucus nigra L.*

El saúco es un árbol que crece silvestre en gran parte de nuestros bosques y del cual podemos hacer un uso extensivo, pues hojas, flores y fruto son de gran estima a nivel medicinal y nutritivo; sin olvidarnos de su corteza.

El principal problema que podríamos tener es confundir este precioso árbol con su casi-homónimo, el sauquillo, un arbusto que no suele medir más de 3 metros de alto. Para diferenciarlos, es bueno recordar que el saúco es un árbol y por tanto tiene los tallos leñosos en sus ramas; y el sauquillo es un arbusto cuyas "ramas" son tallos verdes. Esto es importante sobretodo porque las bayas del saúco son comestibles y las del sauquillo son tóxicas.

Las propiedades del saúco son distintas dependiendo de qué parte del mismo usemos. Si hablamos de los frutos, son ricos en vitamina C y reconstituyentes como los de las moras. Las flores por otro lado, son empleadas en vahos para apoyar los desequilibrios de los ojos - orzuelos, vista cansada, etc. -, aunque en nuestro caso las utilizaremos a nivel interno. La segunda corteza del saúco, de color verdoso, es realmente regenerante de la piel y muy buena a nivel tópico para casi cualquier problema cutáneo.

· CHAMPÁN DE FLORES DE SAÚCO ·

Las flores de saúco blancas son inconfundibles por su delicioso olor. Mientras damos un paseo por el monte, respirar su perfume es ya un placer sinigual. Pero también son muy buenas a nivel medicinal para la garganta - en enjuagues bucales, afonías, pólipos - así como un gran remedio como colirio o vahos para los ojos cansados o problemas visuales.

En este caso en concreto, me gustaría explicar paso a paso una de las recetas más conocidas de antaño y de gran valor, que me encanta hacer en verano, ¡champán de saúco!

He de advertiros que por alguna razón que se me escapa, esta fermentación al igual que tantas otras, no se realiza correctamente a menos que la hagáis en días calurosos de verano, con mucho sol y cielo despejado. Si hay algo de humedad, el cielo está encapotado o está semicubierto, seguramente no se os fermente correctamente.

INGREDIENTES

- 2 o 3 cabezas de flores de saúco
- 5 o 6 cucharadas de azúcar integral/panela/miel
- Un poco de corteza de limón
- Zumo de ½ limón (opcional)
- Agua de manantial

PROCEDIMIENTO

1. Echad todos los ingredientes en una botella de cuello alto - las de vino que tenéis vacías sin usar pueden ser un buen ejemplo -.

2. Dejad fermentar con un tapón cerrado unos 2 o 3 días en un lugar fresco y oscuro. Durante ese tiempo, id abriendo de vez en cuando para sacar el exceso de gas que se pueda formar dentro de la botella y evitar que estalle. No lo abráis tampoco muy a menudo porque entonces podemos parar la fermentación, basta con abrirla 1 vez al día o 1 cada dos días y ver. Es bueno agitar suavemente cada día la botella para que vuestro fermento vaya generándose correctamente.

3. Una vez lo probéis y veáis que está sabroso y ha pasado de burbujear con efervescencia a apenas crear burbujas, coladlo o dejadlo ahí dentro en la botella.

4. Se guarda en cualquier sitio, no hace falta que sea la nevera, pues tiene un poco de alcohol que sirve como conservante.

USOS

Para encandilar a los invitados cuando vienen a casa, ofreced una copita de "champán de saúco"; veréis como nunca será rechazada. Yo lo bebo cuando me apetece, acompañando platos como pescados o simplemente solo mientras disfruto del sol en mi terraza y leo un libro.

*Una opción diferente es añadir a este champán otros recursos vegetales como flores de escoba/retama (*Retama sphaerocarpa*), cuyo sabor casa muy bien con el del saúco y florecen a la par. A mi especialmente me encanta este fermento, y no os voy a engañar que los colores de ambas flores conjuntamente son hermosos. Yo os pongo ejemplos simples para que veáis que es fácil hacer los fermentos, pero luego uno se puede ir enriqueciendo si añade otros elementos a su preparado.

· BAYAS DE SAÚCO FERMENTADAS ·

Las bayas de saúco, recolectadas bien entrada su madurez - Agosto/Septiembre - son un excelente remedio natural para la garganta y la tos. Hay que tener cuidado con recolectar las bayas del saúco y no del sauquillo que son tóxicas. Pediría aquí cierta precaución a la hora de recolectarlas, porque al principio podemos equivocarnos fácilmente, así que leed bien la diferencia entre ambas especies en la introducción del Saúco.

Estas bayas tienen muchas vitaminas y minerales, además de ser antivíricas - de ahí que se usen en procesos gripales - y antibacterianas. Ayudan a subir las defensas y son un gran antioxidante natural que podemos encontrar en nuestros bosques, así que ¡aprovechémoslas porque además están deliciosas!

INGREDIENTES

- Bayas de saúco maduras.
- 4/5 cucharadas de miel.

PROCEDIMIENTO

1. Mezclad ambos ingredientes en un bote, cubrid todo con un paño y dejadlo a temperatura ambiente.

2. Removed la mezcla cada día un poco, durante al menos 7-10 días. Se hará una especie de sirope/jarabe muy meloso y dulce donde las bayas del saúco estarán sumergidas. La fotografía lo muestra perfectamente.

3. Una vez hayan pasado esos 10 días, cerrad el bote y guardadlo en la nevera. Dura unos 2-3 meses fácilmente si lo vais consumiendo diariamente, si no lo abrís, dura algo más.

USOS

Yo lo ingiero para prevenir y evitar posibles afecciones en la garganta o catarros durante el otoño-invierno. Suelo alternar un mes de bayas de saúco y otro de bebida fermentada de agujas de pino. Lo empleo también exclusivamente cuando ya tengo tos o catarro. Eso si, es importante que cuando uno bebe algo con la consciencia de que es medicinal, no basta con que lo tome durante la afección, sino que es mejor alargar la ingesta durante al menos una semana más. Con ello se logra apoyar los procesos del cuerpo y que éste se reequilibre por sí mismo. Por supuesto, este preparado también es apto para tomarlo sin necesidad de tener una desarmonía, es solo que me parecía interesante mostraros esta bebida a nivel más medicinal.

Tojo   *Ulex europaeus L.*

Mi pueblo está lleno de estos matojos espinosos que causan tanta ira a los pastores, pues invaden los campos de hierba y no dejan pasto para su ganado. Yo en cambio, los veo como hermosos y olorosos organismos que me brindan de una de las bebidas más deliciosas que me iniciaron en la fermentación silvestre, ¡la de flores de tojo! Primeramente ingería las flores crudas, conforme iba caminando en mis paseos por la montaña, cual abeja que picotea de una y otra flor. Después, se me ocurrió hacer infusiones y bebérmelas, y ya finalmente descubrí que podía fermentarlas y su sabor se mantenía en mi preparado.

Es interesante antes de fermentarlas, comerlas crudas porque saben a vainilla y están deliciosas. De este modo, ya tenéis una idea de cuál será el sabor de este fermento. Dejan un regusto algo picante y amargo en el paladar al final de masticarlas, lo cual nos indican que depuran el hígado. Esta cualidad medicinal es de gran ayuda en otoño e invierno, pues es cuando más excesos por comidas navideñas solemos tener, y casualmente los tojos florecen en esas fechas. A oídos de buen pastor, se sabe que las flores de tojo van muy bien para las migrañas cuyo origen es hepático. Lo dicho, ¡a comerlas!

Ojo porque sus semillas son tóxicas.

· **BEBIDA FERMENTADA DE FLORES DE TOJO** ·

Las flores de tojo es importante recolectarlas a pleno sol, normalmente se abren bien hacia mediodía y hasta las 14h. A ser posible escoged las más abiertas y hermosas que encontréis - si no tienen bichitos dentro, mejor -. Recordad que es un fermento y que cuando recolectamos vegetales siempre es mejor coger aquellos que tienen un aspecto, brillo y texturas más hermosos. Si están carcomidas o marchitas, aparte de que nos indican la disminución de sus propiedades, tampoco tendrán un sabor y valor nutricional o medicinal iguales que las que estén abiertas, frescas e irradien un amarillo chillón hermoso. Por cierto, cuidado con los bichitos que no veamos y estén presentes en las flores, para eso es mejor recolectarlas y sacudirlas ligeramente con los dedos para que caigan esos insectos pequeños y entonces sí, las guardamos.

INGREDIENTES

- Flores abiertas de tojo
- Agua de manantial
- 1 o 2 cucharillas de panela/miel/sirope de ágave o cualquier endulzante natural.
- 1 cucharilla de suero de leche (iniciador)

PROCEDIMIENTO

1. Colocad en un bote de cristal las flores de tojo hasta casi llenarlo entero y el resto de ingredientes. [Podéis realizar la versión infusionada, hirviendo en agua de manantial las flores durante 1 minutito. Después se dejan reposar unas horas hasta que se enfríe la infusión y luego se procede a fermentarlas. El resultado es más intenso en sabor y color, pero a mí me gusta hacer esto sin hervir nada].

2. Revolved bien para que la miel/panela o edulcorante escogido se mezcle correctamente. Colocad un peso (vaso/bote más estrecho, piedra no porosa...) para mantener los ingredientes bajo el agua.

3. Dejad fermentar a temperatura ambiente y a oscuras durante 3 o 4 días tapado con un paño para que los insectos no entren en vuestro fermento.

4. Convendría colarlo, porque si dejáis las flores y canela dentro, sus sabores empezarán a ser excesivamente fuertes, aunque si sois como yo, de los que beben esto demasiado rápido porque me encanta su sabor, no os hará falta colarlo porque ¡os lo habréis terminado en menos de 1 semana!

5. Cerrad la tapa y conservadlo siempre en la nevera para ralentizar su fermentación y ¡listo!

USOS

Como he mencionado anteriormente es una bebida perfecta que os aconsejo tomar antes de las comidas copiosas, para así comenzar a descargar el hígado. También sirve para después de una gran comilona, una vez que estáis haciendo la digestión, porque os ayudará a hacerla más ligeramente. En verdad, yo la tomo en cualquier momento que me parece. Es cierto que en invierno algo frío de la nevera apetece menos que otras cosas, pero entre comidas o a pequeños sorbitos diarios me encanta y me chifla su sabor avainillado.

Zarzamora   *Rubus ulmifolius Schott.*

La zarzamora es una mata con pinchos que crece por doquier en toda España, en campos, cerca de urbanizaciones, prados y demás. Se la reconoce fácilmente porque sus frutos, las moras, son uno de los manjares campestres más deliciosos y usados precisamente   por ser fáciles de conseguir.

Hay que tener cuidado para recolectarla porque si lo hacéis con mucha prisa, podéis acabar con enormes rasguños y arañazos, como me pasaba a mí al principio.

Digamos que recolectando quintales de moras en los calurosos veranos de mi tierra y pinchándome y arañándome constantemente, tomé verdadera consciencia de que este no podía ser el modo de recolectarla eficazmente. De algún modo sabía que existía otra alternativa a acabar sangrando, con la camiseta rota o llena de arañazos cada vez que echaba la mano a este arbusto. Así que me dispuse a acercarme con más cautela, con más lentitud y quizás mayor presencia y descubrí, que si la recolectaba de este modo, no me arañaba ni pinchaba. La zarzamora me enseñó a tener paciencia, a tocarla con delicadeza - al igual que la rosa mosqueta -, sin prisa, sin ansia. Me enseñó que las cosas dulces tardan su tiempo en madurar y que si intento recolectar las moras haciendo un mínimo esfuerzo por tirar de ellas y no se caen, es que no es todavía el momento. Hoy en día solo cojo las que con una mínima presión caen en mis manos, y realmente son las más maduras y dulces. Con ellas hago una receta deliciosa que os enseño a continuación.

· SALSA PICANTE DE MORAS FERMENTADA ·

INGREDIENTES

- 1 ajo picado
- Moras maduras
- 1 chile picado
- 1 cucharilla de vinagre
- 3 cucharillas de miel

PREPARACIÓN

1. Mezclad todos los ingredientes y batid bien. A veces, como en la imagen, queda muy líquida. Si sois de las personas a las que os gustan las salsas muy espesas, podéis probar a echar mitad moras secas, mitad moras frescas.

2. Tapadla con un paño y dejadla fermentar a temperatura ambiente durante 7-10 días, removiéndola cada día para que no aparezca moho en su superficie. Colocadla en un lugar oscuro y ventilado.

3. Al cabo de estos días, cerrad el bote y guardadlo en la nevera para su consumición.

USOS

Como salsa picante, la podemos añadir a carnes, hamburguesas veganas y todo tipo de comida que queramos aderezar con un toque fuerte, dulzón y picante a su vez.

4.2. Reino Fungi

Como me parecía que las setas y hongos *per se* necesitaban toda una sección aparte, pues al igual que los líquenes pertenecen a otro reino y sería justo darles a estas bellas creaciones su protagonismo; aquí lo he creado. Eso si, he de advertir que no he llegado a experimentar realmente lo suficiente en la fermentación micológica como para escribir una gran sección de este libro. Por tanto, simplemente he querido daros unas pequeñas pautas para que conozcáis distintas especies de setas y líquenes, fáciles de identificar y perfectamente fermentables.

Ciertamente este reino es algo más complejo que el de los vegetales, pues cuando comencé mis andaduras, tanto en Internet como en libros de fermentación había como un "vacío" informativo acerca de fermentar hongos y setas - y ya no os cuento acerca de los líquenes -. A pesar de todo ello y de no encontrar apenas referentes para fermentar especies de este reino, logré efectuar algunas deliciosas recetas con setas y líquenes que me encantaron.

En el presente libro, solo he escrito las recetas que he realizado por mi cuenta y han dado unos resultados sabrosos y deliciosos. No obstante, sugiero que seáis cautelosos a la hora de experimentar con este reino, pues hay algunas setas que aún comestibles al cocinarlas, si las fermentamos pueden generar cierta toxicidad. Jereme Zimmerman - autor de varios libros sobre fermentación y un gran experto en la materia -, explica que en general las setas y hongos contienen trazas de elementos tóxicos en crudo. Esto no es un problema al cocinarlas, pero si solo las fermentamos no basta para eliminar estas trazas, *"por lo que antes de empezar a fermentar, o bien cocina las setas en agua muy caliente (no hirviendo) o deshidrátalas y luego hidrátalas con agua caliente"*[24]. Este interesante consejo me sirvió a mí para comenzar a dar los primeros pasos y aumentar la seguridad en mis fermentos micológicos, así que espero os sirva también a vosotros. Eso si, si vais a cocinar setas y luego fermentarlas, añadid entonces un iniciador - suero de leche, etc. - para incorporar bacterias acido-lácticas a vuestro fermento, pues al calentarlas habrán perdido la mayor parte de estos microorganismos.

Recuerdo una de mis primeras setas fermentadas, la *Cantharela cibaria*, que sabía era perfectamente comestible una vez fermentada. Al pasar 3-4 días a temperatura ambiente bajo una salmuera sin ningún tipo de condimento, la olfateé e instintivamente supe que no era apta para mi estómago. La probé y su sabor me dijo lo mismo. Intenté fermentarla de diferentes maneras, pues es una seta que abunda mucho en mi zona y quería aprovecharla, pero todas las veces mi instinto me decía que no era bueno ingerirla. Directamente tiré todos los botes de fermentos que realicé con dicha seta y ya me di por vencida. Con esta anécdota quiero explicar que así como hay setas que sientan mal a unos y a otros no, o se digieren bien a la hora de comer pero para cenar son muy "fuertes" para el estómago, también habrá fermentos que aunque veáis en Internet que la gente realiza y disfruta, vuestro cuerpo los rechace completamente. Escuchad a vuestro organismo, a lo que vuestro olfato y el paladar os susciten, y si

---

24   https://www.hobbyfarms.com/how-to-make-lacto-fermented-mushrooms/

no os sabe ni huele bien ¡no la comáis! Haced cosas mejores como fermentar algo que sí os encante y olvidaros de las setas por un tiempo.

Para fermentar setas u hongos, yo siempre los he elaborado utilizando una salmuera, por lo que incluso, podríais usar iniciadores de tandas de fermentos en salmuera que hayáis realizado. Un buen ejemplo sería emplear como iniciador un poco de jugo de acelgas fermentadas o del líquido de flores de diente de león - sendas recetas presentadas en este libro – o incluso de *chukrut* si tenéis en casa. También podéis preparar estos fermentos desde cero, sin añadir ningún iniciador y ver cómo las propias bacterias y organismos dentro del agua y las setas fermentan todo - excepto si vais a cocinar primero las setas, en cuyo caso os recomiendo que uséis iniciador -. Yo en general simplemente seco las setas y luego las fermento por lo que al no calentar las setas evito usar iniciadores. Lo prefiero así porque el sabor de cada tanda de setas fermentadas que realizo difiere tanto de la anterior, que ¡me gusta que me sorprendan!

En cuanto a los líquenes...¡Qué decir! Todavía estoy buscando un libro que explique medianamente los usos de ellos a nivel medicinal y culinario, donde además incluya un apartado sobre la fermentación de los mismos. Un sueño, ¿verdad? Puesto que todavía no lo he encontrado, solo he añadido aquí una receta de un liquen que conozco muy bien y es seguro. Así que en este aspecto, os sugiero mucha cautela.

Galamperna   *Macrolepiota proceri*

La seta *Macrolepiota procera* o comúnmente llamada en mi tierra, *Galamperna*, es toda una delicia en nuestra cocina y abunda mucho en los montes del norte de España. Su identificación es bastante sencilla, sin embargo puede confundirse con algunas *Lepiotas* - aunque estas tienen el sombrero menor de 10cm de diámetro -. Se puede confundir a veces con la *Macrolepiota venenata* altamente tóxica, que se diferencia de la *galamperna*, porque el sombrero de la venenosa termina en anchas escamas estrelladas muy características. Como podéis observar en la foto, nuestra *galamperna* tiene un sombrero circular sin escamaciones estrelladas y de gran diámetro. Ante la duda, nunca recolectar una *lepiota* con el sombrero inferior a 10cm de diámetro y preguntar a alguien que conozca bien acerca de micología.

En cuanto a las propiedades medicinales de la *galamperna*, no he encontrado información alguna, salvo que nos aporta minerales y vitaminas A, C, D y del grupo B.

· GALAMPERNAS CON AJO Y ROMERO ·

INGREDIENTES

- 2 *galampernas* de mediano tamaño secas o deshidratadas
- 1 diente de ajo bien picado
- Agua de manantial
- 1/2 cucharilla de sal marina
- 1 ramita de romero

PROCEDIMIENTO

1. Ponedlas la noche anterior en un bol con agua para que se humedezcan. Una vez hidratadas, echadlas a un bote de cristal y añadid el diente de ajo picado finamente y la rama de romero.

2. Aparte, en otro bote, se hace una salmuera, para lo cual disolved media cucharilla de sal marina en agua y removed bien hasta que no quede ningún sedimento en el fondo.

3. Después añadid esta salmuera a vuestro fermento y cercioraros de que las setas queden bajo el líquido colocando un peso encima - un bote más estrecho, una piedra no porosa, etc. -

4. Dejadlo a temperatura ambiente y oscuridad 3-4 días.

5. Al cabo de ese tiempo, cerrad la tapa y guardar el bote en la nevera donde se seguirá fermentando.

*Si preferís hacer uso de *galampernas* frescas, directamente saltad el primer punto de la receta y echadlas a una cazuela con agua casi hirviendo. Acordaos de descartar los tallos porque son muy leñosos y aunque los cocinéis y más tarde fermentéis, acaban siendo muy bastos al paladar. Tened las *galampernas* en ese agua caliente pero sin llegar a hervir, durante 10-15' para que saquen todas las sustancias tóxicas que contienen al agua. Después, escurridlas y cortadlas en trocitos pequeños como en la foto. Por último, echadlas al tarro de cristal para seguir con el resto de pasos y fermentarlas. *Bon appétit.*

USOS

Yo las añado en sopas calentitas, o incluso las podéis echar sobre una tostada de jamón con queso y aceite de oliva. También están riquísimas como acompañamiento a pescados o un buen chuletón, aunque yo prefiero añadirlas a verduras o cremas de hortalizas porque me gusta encontrar "tropezones" en los purés. Su sabor y texturas son únicas y puede que al principio a vuestro paladar le cueste adaptarse un poco.

Liquen *Xanthoria Parietina*

Se trata de un liquen de color amarillento-anaranjado que resiste muy bien la contaminación atmosférica, por lo que es relativamente fácil verlo en los árboles próximos a las carreteras y en muros, tejas o roca caliza dentro de ciudades y pueblos. Es por ello,   que he querido mostrar cómo realizar una receta fermentada con algo que tenemos todos muy a mano y es fácil de identificar. No hay líquenes que se parezcan a este por lo que no hay temor de confusión o de recolectar un liquen tóxico. Dicho esto, ¿qué es un liquen?

Los líquenes son una simbiosis de 3 tipos de organismos: algas, hongos y levaduras. Esto quiere decir que si falta uno de ellos, el liquen muere, por lo que es importante saber que cada uno de estos 3 "amigos" efectúa una función esencial y básica para el conjunto, osea se, el liquen. El alga realiza la fotosíntesis suministrando materia orgánica al hongo, quien a su vez, absorbe agua y sales minerales del entorno evitando así que el alga muera de sequedad. En cuanto a las levaduras, se sabe que a mayor cantidad de estas más tóxico se vuelve el liquen, pero los investigadores que recientemente descubrieron este último "miembro" del grupo aún están indagando en las funciones exactas que ejerce en el conjunto.

En concreto, el liquen que os presento en este apartado se ha empleado en la antigüedad para tratar el paludismo, y también se ha extraído de él la "parietina", una sustancia para hacer tintes amarillos, de ahí su color tan llamativo.

En definitiva, la receta que os presento hoy es un yogur mesófilo usando como iniciador a este precioso liquen. Al obtener un sabroso yogur hecho con *Xanthoria Parietina*, además de tomaros los nutrientes del yogur, sabed que las propiedades medicinales del liquen también se trasladan a la leche, enriqueciendo aún más el fermento.

· YOGUR MESÓFILO ·

INGREDIENTES

- 1 trocito de liquen *Xanthoria Parietina*
- Leche pasteurizada o cruda de oveja/vaca/cabra

PROCEDIMIENTO

1. Tomad un trocito de corteza de árbol en la que esté presente el liquen *Xanthoria Parietina* y colocadlo dentro de un bote de cristal. No importa si tiene un poco de corteza de árbol, simplemente colocad todo el trozo, corteza y liquen juntos, dentro del bote.

2. Verted la leche en el bote con el liquen dentro, y dejad fermentar el tarro a temperatura ambiente, tapado con un trapo y en oscuridad, hasta que el yogur esté hecho. En invierno, en mi casa a una temperatura de unos 17°-20° tarda en hacerse unos 7-10 días, y en verano a 20°-25° le cuesta más o menos 4-6 días.

3. Una vez elaborado el yogur, cerrad el bote y guardadlo en la nevera para su consumición.

Como ya os he comentado en otra receta de fermento lácteo, en verdad el yogur suele "cuajarse" en 2 o 3 días, y podéis pensar que ya esté hecho, pero todavía es algo indigesto para personas intolerantes a la lactosa o muy sensibles de estómago. Además, aún no ha desarrollado toda la acidez presente en el yogur, por lo que os animo a que tengáis paciencia y esperéis el tiempo que os he marcado para que saboreéis realmente lo que es un yogur hecho. Obviamente, si vivís en un lugar donde las temperaturas difieren enormemente de las expuestas en mi caso, id probando cuántos días tarda en hacerse, variad y experimentad hasta que encontréis vuestra fórmula. Yo os he escrito la mía como ejemplo, pero si vivís en Alaska y la temperatura ambiente en vuestra casa es de 10°C en invierno, pues tendréis que colocar el yogur cerca de fuentes de calor.

¡Sed creativos, buscad el modo que mejor se adecúe a las condiciones en las que vivís!

USOS

Creo que no hace falta ser muy creativo para ingerirlo, pero sí os puedo decir que añadido como aliño a una ensalada, acompaña muy bien. Solo recordad que tiene una acidez y sabores diferentes a las del yogur convencional, por lo que utilizado para realizar salsa curry o bechamel puede que no os convenza.

5. VARIACIONES Y OTRAS RECETAS

Este apartado lo he añadido para personas más expertas en el conocimiento de plantas silvestres, o para aquellos que les gusta experimentar y realizar recetas más complejas. Digamos que es una sección para individuos con ciertos conocimientos de plantas medicinales y cocina o que quieren avanzar algo más en sendas materias.

En este capítulo no he querido detenerme tanto a hablar de las propiedades medicinales de las plantas empleadas, ni de su identificación, principalmente porque la mayor parte de recetas incluyen hierbas que ya he expuesto en el capítulo previo. Por otro lado, he procurado para los que no conozcan muy bien las hierbas, escribir el nombre de estas tanto en latín como el nombre común o popular que empleo yo habitualmente para hablar de ellas.

Son recetas, algunas más sencillas y otras más elaboradas, cuyo sabor es especialmente complejo e interesante. Así como hasta ahora los fermentos expuestos eran más sencillitos tanto en su elaboración como en su sabor, en este apartado la cosa se complica ligeramente, pero al mismo tiempo se hace más interesante para vuestro paladar.

Espero desde todo mi amor por los fermentos, que os animéis a realizar alguna de estas deliciosas recetas y os inspiren para explorar con otras de un modo diverso al expuesto hasta ahora. ¡Que aproveche!

· HIERBAS PROVENZALES FERMENTADAS ·

INGREDIENTES

- Puñado de romero [*Rosmarnus officinalis*]
- Puñado de hierbabuena [*Mentha spicata var. crispa*]
- Puñado de orégano [*Origanum vulgare ssp. vulgaris*]
- 1/2 cucharadita de sal
- 1 cucharadita de suero de leche
- Agua de manantial

PREPARACIÓN

1. Recolectad las hierbas arriba mencionadas y picadlas un poco. A mí, tal y como podéis comprobar en la foto, me gustan más toscas pero las podéis picar lo finas que las queráis. Vertedlas junto con el resto de ingredientes a un bote de cristal. Mezclad bien.

2. A parte, realizad una salmuera disolviendo bien la sal en el agua. Vertedla en el tarro junto con las hierbas provenzales.

3. Dejad el bote con un peso encima - otro bote más estrecho, o algo que pese un poco - a temperatura ambiente en un lugar oscuro durante 2-3 días. Comenzará a burbujear, ¡eso es que ya está listo para guardarse en la nevera!

4. Cerrad el bote y guardadlo en el frigorífico para su consumición.

USOS

A mí me gusta tener este fermento siempre listo en la nevera, para echar una cucharilla de su contenido a una ensalada, a un arroz simple o incluso a una tostada con queso, ajo y aceite de oliva. Lo que hago es triturarlo con las tijeras o un cuchillo antes de añadirlo y listo. Es un buen aliado cuando viene gente a visitaros y queréis darles unos bocaditos de "algo". Eso que no sabéis qué ofrecer puede ser este fermento de hierbas provenzales. Por supuesto, el jugo lo uso para condimentar mis ensaladas favoritas.

· SMOOTHIE DE MORAS ·

INGREDIENTES

- Moras
- Miel
- Yogur
- Nuez moscada rallada

PREPARACIÓN

1. Mezclad el yogur y las moras - es mejor ir echándolas poco a poco para saber cuánto sabor queremos que tenga a moras y así no pasarnos -.

2. Una vez tengáis el sabor deseado, endulzadlo añadiendo miel.

Empezad por una cuchara, mezclar y si queréis añadir más, verted otra cuchara y volved a saborear.

3. Cuando estén todos los ingredientes bien mezclados y batidos, espolvorear un poco de nuez moscada rallada sobre la superficie y ya está listo para ingerir.

4. Guardadlo en la nevera para su consumición.

USOS

Yo lo tomo a modo de merienda, pero como postre también me parece una buena idea. Si lo queréis más cremoso o líquido, dependiendo de cuál vaya a ser su uso, podéis añadir leche de avena o dejarlo tal cual, aunque está riquísimo de cualquier modo.

NOTA IMPORTANTE: no realicéis una gran cantidad de este smoothie, porque en la nevera, las moras - que ya de por sí son altas en fructosa natural - fermentan muy rápido y el sabor de vuestro smoothie cambiará notablemente en breve tiempo. Es mejor realizar una tanda que os dure como mucho 2 días en la nevera y listo.

· BOCADITOS MEDITERRÁNEOS ENVUELTOS EN ACEDERA FERMENTADA ·

INGREDIENTES

- Hojas de acedera [*Rumex acetosa*]/malva[*Malva sylvestris*]/acelga silvestre [*Beta vulgaris subsp. cicla*]
- Tomates cherry partidos en cuartos
- Queso en trocitos
- Agua de manantial
- Sal
- Especias (hojas de laurel, romero, etc.)

PREPARACIÓN

1. Se colocan las hojas de acedera/malva o acelga silvestre totalmente extendidas y se ponen encima 3 cuartos de tomate cherry, dos trocitos de queso y una pizca de sal sobre la hojas.

Para envolver este "relleno", primero hay que coger la hoja y doblarla hacia adentro, por su parte más larga, y después los extremos, primero la punta de la hoja hacia adentro y después el otro extremo - el del tallo -. El truco para que se quede compacto y no se salga todo, radica en colocar los ingredientes - los tomates cherry, el queso y la sal - un poco más cerca de la punta de la hoja, que en el propio centro de la misma. Así, cuando empecéis a "empaquetar" todo comenzando por la punta, se os quedará libre un trozo grande en el extremo más cercano al tallo. Esto facilita que luego podáis darle una vuelta más al paquete, insertar el tallo largo de la hoja en un agujerito que se puede realizar con las uñas a lo largo de la vena central de la hoja, y pasar por ahí el tallo tal y como vemos en la imagen. En resumen:

- Colocad los ingredientes - tomate, queso, etc.- en la parte más cercana a la punta de la hoja.
- Doblad los extremos más largos de la hoja hacia el centro, primero por los lados y luego la punta.
- Envolved el "relleno" en una vez, hasta quedaros solo con el paquete y un trozo de tallo largo.
- Haced un agujerito con las uñas en la vena central de la hoja y pasad por esta el tallo, para que se quede compacto todo - como aparece en esta imagen -.

2. Echad estos paquetitos de acedera en un bote de cristal. Haced una salmuera a parte con una cucharilla de sal y agua de manantial e id llenado el bote con esta hasta cubrir todo.

3. Añadid una hoja de laurel, romero, pimienta negra u otras especias

que queráis. Colocad un peso para que los paquetitos queden sumerjidos en la salmuera.

4. Dejad fermentar con un trapo encima a temperatura ambiente durante 2 días. No necesitáis que fermente mucho tiempo porque entonces las hojas se disolverían/romperían.

5. Después de ese tiempo, cerrad y guardadlo en la nevera. ¡A disfrutar!

USOS

Me parece un *boccato di cardinale* para cuando vienen vuestros colegas a casa y no sabéis muy bien qué podéis ofrecer para picotear. En vez de las típicas patatas fritas y cerveza, podéis sacar una kombucha de melisa y un plato con estos paquetitos y un chorrito de aceite de oliva por encima. Os aseguro que tendréis a vuestros colegas llamándoos para merendar cada semana.

· ENSALADA SILVESTRE FERMENTADA ·

INGREDIENTES

- Hojas de llantén [*Plantago major* y *Plantago lanceolata*], mastuerzo [*Lepidium virginicum*] y malva [*Malva sylvestris*]
- 1 manzana
- 1 zanahoria
- 6/7 almendras o nueces
- 1 cucharadita de sal
- Agua de manantial (en caso de necesitar)
- 3 bolitas de pimienta negra

PREPARACIÓN

1. Trocead bien las hojas silvestres recolectadas (llantén, malva y mastuerzo), retirando las partes más leñosas de las mismas para que no dificulten a la hora de masticarlas.

2. Trocead la manzana en cubitos y rallad la zanahoria. A veces, si no añado las almendras, me gusta cortar las zanahorias en rodajas para sentir la textura crujiente de las mismas ya que no tengo la de los frutos secos.

3. Ponedlo todo en un bol, añadid los frutos secos en trozos, la cucharadita de sal y la pimienta negra, Masajeadlo todo durante 10-15 minutos con las manos hasta que veáis que saca mucho jugo. Si sabéis ya hacer *chukrut*, estaréis familiarizados en realizar este procedimiento, pero si nunca habéis fermentado col, básicamente lo importante de todo es...¡Masajear!

4. Cuando veáis que vuestro preparado saca jugo, ponedlo todo en un bote de cristal como el de la imagen y estrujadlo mientras vais insertándolo en el recipiente. La cuestión aquí es que la ensalada por sí misma tenga suficientemente jugo/líquido como para cubrir el bote. Si os pasa como a mí, que a veces no se llena del todo - porque primeramente los trozos de manzana y zanahoria no los he rallado y por tanto no sacan tanta agua -, podéis añadir agua de manantial hasta que cubra todo el bote.

5. Poned algo de peso encima para que la ensalada permanezca bajo sus propios jugos o bajo el agua de manantial y dejadlo a temperatura ambiente fermentando durante 1 día. Recordad cubrirlo con un paño para evitar la entrada de insectos en vuestro preparado.

6. Al día siguiente cerrad el bote y ponedlo en la nevera para conservarlo y consumirlo.

USOS

A mí me gusta tener siempre un bote muy grande de esta ensalada silvestre en mi nevera, porque en verano siempre tengo algún imprevisto o me sirve para cuando no tengo tiempo ni ganas de ponerme a cocinar o elaborar algo. Es como un comodín de probióticos fermentado muy rico que puedo siempre tener a mano. A veces lo desayuno con algo más de fruta jugosa, o lo ceno con unos arándanos por encima. Me gusta cuando combino esta ensalada con una salsa de yogur, miel y aceite de oliva para condimentarlo. ¡Está riquísimo!

· HELADO DE YOGUR MESÓFILO
CON FRUTOS SECOS ·

INGREDIENTES

- 2 plátanos maduros
- Miel a gusto de cada uno
- Canela y clavo
- Yogur mesófilo (de piñas del pino o liquen)
- Almendras tostadas y troceadas

PREPARACIÓN

1. Batid todos los ingredientes - menos las almendras - hasta hacer una crema.

2. Añadid las almendras tostadas y troceadas al conjunto y verted todo en un contenedor de cristal amplio - puede ser una bandeja de horno pequeña de cristal -.

3. Metedlo en el congelador para que se vaya creando este helado. Para que se quede cremoso, la primera hora se saca cada 15 minutos del congelador y se remueve un rato largo para romper los posibles cristales de hielo que se hayan formado. La segunda hora se saca cada 30' y se remueve de igual manera. Se deja 4 horas más y ya lo tenemos listo para consumir.

USOS

Es mejor si hacéis este fermento temprano por la mañana, para así poder consumir el helado después de comer, o para merendar. Si lo dejáis más tiempo, el helado se congela en exceso y perderíais la cremosidad que lo caracteriza. El sabor del plátano maduro le otorga a su ve un toque muy interesante, por lo que cuanto más maduro, mejor - de hecho necesitaréis menos miel porque ya de por sí estará dulcísimo -.

NOTA IMPORTANTE: una variación vegana de este helado sería hacerlo con yogur de coco fermentado, e inlcuso podríais añadir algarroba que le da un sabor a chocolate muy rico.

6. MEDICINA HERBAL: ELIXIRES DE PLANTAS FERMENTADAS

En verdad, el origen de este libro fue una inspiración maravillosa que obtuve tras devorar un capítulo del libro *El Arte de la Fermentación* de Sandor Katz, en el que hablaba muy brevemente sobre la fermentación como medicina. Esto me cautivó, pues como bien sabéis ya, a parte de dedicarme fervientemente a preparar fermentos, soy una apasionada de las plantas silvestres medicinales, por lo que aunar ambas disciplinas me parecía aún más fascinante.

He de advertiros que este capítulo es para manos algo más expertas y personas conocedoras de las plantas silvestres medicinales. He querido mostraros los nombres de las plantas escogidas tanto en latín como la denominación por la que popularmente son conocidas, todo ello para facilitaros lo máximo posible su recogida. Aunque por otro lado, soy consciente de que en algunos casos será necesaria cierta destreza y conocimiento de dichas plantas para su correcta identificación y recolecta. Disculpad si no he redactado elixires más sencillos o de plantas ya mencionadas en los capítulos previos, pero me parecía fundamental basarme en mi propia experiencia y como conozco gran variedad de ellas, me he decantado por algunas no tan comunes para la gente.

He preferido partir de mi experiencia que escribir elixires que nunca he realizado pero son fáciles y pertenecen a las plantas ya descritas con anterioridad. Esa tarea os la dejo a vosotros, que sedientos de curiosidad espero alguno siga mis pasos y se adentre en este mundo tan fascinante, recolectando y fermentando, creando su propia medicina y alimento con lo que la tierra nos provee.

Como ejemplo, os diré que mi primer fermento fue un Hidromiel de plantas silvestres; una locura de flores, raíces y hojas que mezclé vigorosamente con agua y miel cruda para después dejarlo fermentar durante un largo tiempo. Recuerdo sentirme salvaje, vibrante, por lo que estaba maquinando dentro de mi bote de cristal burbujeante. Más tarde comprendí que simplemente estaba elaborando lo que llamaríamos una "Tintura herbal" de plantas medicinales; o lo que he nombrado muy conscientemente en el capítulo de este libro "Elixires de plantas fermentadas", que son la base de todo mi estudio y libro.

Para aclarar al mismo tiempo el término "elixir" que he utilizado en el título de este capítulo en sustitución de la palabra "tintura", tendría que explicaros detalladamente la diferencia de ambos términos, y para ello usaré la R.A.E.:

- **Tintura:** "*solución de cualquier sustancia medicinal simple o compuesta, en un líquido que disuelve en ella ciertos principios*"[25]

- **Elixir:** "*medicamento o remedio maravilloso*".[26]

Como podemos comprender por su significado, la tintura sería la maceración de una medicina en un líquido - generalmente alcohol - que tiene la capacidad de extraer sus propiedades. Sin embargo, la medicina herbal que os voy a mostrar, no puede decirse que esté diluida o macerada en un líquido, sino más bien fermentada y viva. Por todo ello he decidido acuñarla algo más ambiguamente como "elixir", que nombra a cualquier medicina extraordinaria; y ciertamente lo es.

Cuando hablo de elixires de plantas fermentadas, me refiero simplemente a la fermentación de plantas silvestres con algún tipo de azúcar o edulcorante - ya sea la fructosa presente en ellos o sencillamente añadiendo miel, panela, etc.[27] - y agua. Durante el tiempo que se deja fermentar este elixir, las levaduras presentes en todo el preparado generan una cierta graduación de alcohol. Si para la

---

25 https://dle.rae.es/tintura?m=30_2

26 https://dle.rae.es/elixir

27 Los edulcorantes que se añaden siempre deben ser ricos en hidratos de carbono, porque son estos hidratos los que se transforman en alcohol tras la fermentación.

ejecución de dicho elixir se emplea miel, entonces se podría llamar Hidromiel de plantas, pero por el hecho de que no tengo una preferencia específica por ninguna variedad de endulzante he preferido nombrarlos "Elixires de Plantas Fermentadas", pues con esta denominación englobo a todos estos preparados, sin distinción del edulcorante utilizado.

Dicho esto, sé que alguno arrugará la ceja y pensará, *"¿pero tampoco hay tanta diferencia entre un hidromiel o alcohol fermentado, y una tintura de toda la vida donde se maceran en alcohol unas plantas, no?"*. Pero lo cierto es que sí la hay. Soy consciente de que en España y Europa, son muy conocidas las tinturas hechas a base de maceraciones de plantas silvestres en alcoholes destilados - vodka, ron, etc. - como remedios para armonizar ciertos desequilibrios. Pero para que comprendáis la importancia de los Elixires herbales fermentados que os presento aquí, voy a volver al inicio de nuestro libro y explicaros la diferencia entre un alcohol fermentado y uno destilado.

La <u>fermentación alcohólica</u> consiste en la conversión de los azúcares presentes en un preparado, en alcohol a través de una serie de levaduras y microorganismos que se encargan de realizar esta ardua tarea. El resultado es un alcohol con una graduación bastante baja y de fácil digestión, por ello es que se llevan realizando desde hace muchos años. Sally Fallon - una de las activistas nutricionales y conocedoras de la fermentación más famosas de Estados Unidos - aclara que *"estos vinos tienden a tener menores concentraciones de alcohol que las cervezas y vinos actuales"*,[28] al realizarse de una manera completamente artesanal. Estos fermentos alcohólicos y acido-lácticos, elaborados correctamente, son toda una medicina valorada por sus

---

28 *Fallon,*S., G., Mary (2001). *Nourishing traditions: the Cookbook that Challenges Pollitically Correct Nutrition and the Diet Dictocrats* (p.54). Brandywine, USA: NewTrends Publishing, Inc.

cualidades como *"la capacidad para aliviar problemas intestinales y estreñimiento, promover la lactancia, fortalecer al enfermo y fomentar el bienestar general y la histamina".*[29]

En resumen, la fermentación alcohólica lleva millones de años elaborándose y por tanto nuestro organismo tiene todos los componentes necesarios para absorberla e integrarla. Además, al ser algo fermentado, es incluso más fácil de asimilar precisamente por la acción de los microorganismos que predigieren dicho alcohol.

Por otro lado, la <u>destilación</u> es un proceso por el cual se eleva la concentración alcohólica de un fermento, alzando la temperatura de este para posteriormente condensar los vapores que exuda el preparado en un líquido que lo llamaríamos alcohol destilado. Básicamente consiste en tomar un alcohol fermentado y vivo para calentarlo a altas temperaturas por medio de la destilación generando así un alcohol de mayor graduación. Por poneros dos ejemplos muy básicos, la destilación del mosto de uva genera el whisky, y destilando vino se obtiene el famoso brandy.

Digamos que es una práctica que se desarrolló algo más tarde que la fermentación y que consiste en la alteración de algo que ya está fermentado para producir otra cosa diferente que deja de ser viva y no contiene microorganismos o bacterias en él al haber sido calentado a altas temperaturas. Como ya no está fermentado, sabemos que no es tan "fácilmente" asimilable para el organismo, lo que me hace recordar un pasaje de algún libro que leí en mis tiempos, en el que un nativo americano explicaba la introducción del alcohol destilado en su pueblo. El narrador contaba cómo su gente comenzó a enfermar y a alcoholizarse por no ser capaces de absorber esa bebida tan "artificial". Supongo que acostumbrados a las bebidas alcohólicas de

---

29 Fallon,S., G., Mary (2001). *Nourishing traditions: the Cookbook that Challenges Pollitically Correct Nutrition and the Diet Dictocrats* (p.585). Brandywine, USA: NewTrends Publishing, Inc.

baja graduación que su comunidad artesanalmente fermentaba, debió de ser todo un *shock* para estos indígenas enfrentarse a graduaciones de entre 30° y 40° de un líquido que además estaba desprovisto de toda vida. Ciertamente no he encontrado información al respecto, pero mi instinto me dice que algo de cierto debió de tener todo esto que narraba el autor del libro.

Existe el mito de que los nativos americanos y otros pueblos como el maorí no tienen enzimas en su organismo para digerir el alcohol, pero esto no es cierto porque llevan fermentando alcoholes de baja graduación durante muchos años. Lo que tienen es dificultad para digerir y absorber un alcohol destilado, porque, aparte de que los nativos americanos no tienen la tradición de alterar sus fermentos por medio de la destilación, sus cuerpos, por tanto, tampoco están acostumbrados a la ingesta de dichos alcoholes de tan elevada graduación. Esto no solo sucede en los nativos americanos, sino también en otras sociedades, incluida la nuestra, ¡cuántas personas son intolerantes al alcohol! La pregunta del millón es...¿A qué tipo de alcohol son intolerantes, al alcohol destilado o al alcohol fermentado? Yo lo he sido durante bastantes años de mi vida, hasta que comencé a fermentar y preparar mis propios hidromieles y elixires. Es entonces cuando me di cuenta de que mi cuerpo los asimilaba muy bien, al igual que una cerveza o un vino, pues son algo que está vivo y más biodisponible por la labor presente en las bacterias que en estos fermentos habitan.

Vistas las diferencias entre un alcohol destilado y uno fermentado, considero que es mucho más valioso un Elixir de plantas fermentadas para nuestro organismo, que una tintura común que podríamos realizar macerando hierbas en un ron por ejemplo.

La principal ventaja que se obtiene ingiriendo los elixires es que son más fácilmente asimilables por el organismo, por lo que este no pierde el tiempo y distribuye la medicina más rápidamente por todo nuestro cuerpo a los lugares que más lo necesita. Además, estos alcoholes son de menor graduación por lo que no habría ni que diluirlos en la mayor parte de los casos[30]. El hecho de que estén hechos por uno mismo, es además empoderante, porque es uno mismo quien ha puesto toda la energía en recolectar las plantas, macerarlas, fermentarlas e ingerir su contenido vivo. ¿Qué mayor belleza hay en el simple hecho de ser vosotros mismos los creadores de algo que va a apoyar la auto-reguación de vuestro organismo? ¡A mí es lo que más me llena e inspira en este camino que he escogido! Me hace sentirme libre, fuerte y autónoma el saber que puedo en cualquier momento realizar un elixir para aquellas desarmonías que necesito equilibrar en mí.

6.1. Breve Historia de los Elixires de Plantas Fermentadas

Todos hemos oído hablar del hidromiel de plantas silvestres de sajones, romanos y druidas así como de la elaboración de cerveza y vino por parte de muchos pueblos.

Lo que también es interesante es conocer que estas prácticas eran, sin duda, algo a nivel más global, siendo los pueblos precolombinos de Centroamérica y América del Sur también muy conocedores de la fermentación alcohólica de raíces, cortezas y plantas. Sally Fallon, en su libro *Nourishing Traditions* narra una cantidad sinfín de bebidas alcohólicas de distintos lugares del mundo que van desde el *fly* de boniato, *tesquino* - una cerveza azteca a base de maíz -, hasta el famoso *kvass* ruso ligeramente alcohólico y otras bebidas nativas de diferentes países. Por todo ello, podemos entender que la fermentación alcohólica es una práctica que se lleva realizando desde tiempos inmemorables y alrededor de todo el globo terráqueo por culturas y países tan dispares como los mencionados.

---

30 En adultos sin intolerancia en principio no haría falta ningún tipo de disolución, pero para niños, ancianos o personas con problemas para digerir el alcohol se podría diluir o incluso dejar expuesta al aire libre la dosis recomendada para que el alcohol se evaporase.

En la India, todavía hoy en día son muy importantes los *asavas* y *arishtas*, que no son otra cosa que alcoholes de plantas silvestres fermentadas que médicos ayurvedas recetan a dosis para un sinfín de desarmonías, a modo de tintura medicinal. Es en estos dos preparados en los que más me inspiraré para redactar este capítulo, tanto por su relativa facilidad para prepararlos, como por la semejanza de su elaboración con respecto a los Elixires de Plantas Fermentadas que deseo mostraros aquí. ¡Está claro que yo no he inventado nada nuevo!

El Dr. Anu Saini, licenciado en Medicina Ayurveda, nos explica exquisitamente cómo estos vinos medicinales son elaborados desde tiempos inmemorables en la India: "*Arishta y Asava son preparados Ayurvédicos que están elaborados remojando las hierbas en formato de polvo o en decocción en azúcar o azúcar de palma durante un tiempo. La decocción preparada de este modo se llama Kashaya. Después, las hierbas en remojo se dejan fermentar hasta que se genera alcohol y los ingredientes activos presentes en las plantas son extraídos.*" Como punto a favor, añade en su descripción que los "*Asava y Arishta proporcionan la ventaja de conservarse mucho más tiempo comparada con otras formas de medicina Ayurveda como tabletas y cápsulas.*"[31]

"*Ambos son de hecho variedades de vinos herbales, preparados por fermentación natural con levadura.*"[32] No caducan nunca y su tiempo de eficacia y propiedades, al igual que en el vino, aumentan conforme más "viejo" es el fermento, o eso es lo que se cree en la India.

Ciertamente, los *asavas* y *aristhas* son preparados medicinales algo más elaborados - compuestos de numerosísimos ingredientes, incluidas gran cantidad de especias - que los que expondré en este apartado. Estos *asavas* y *aristhas* forman parte de un legado de recetas que se

---

31 https://www.betterayurveda.com/what-are-asava-and-arishta/

32 Bhagwan Dash, Vaidya y Manfred M. Junius, Acarya, (1983). *A handbook of Ayurveda* (p.78). New Delhi: Concept Publishing Company.

han heredado desde tiempos inmemorables de un médico ayurveda a otro siguiendo fielmente unas instrucciones para su correcta elaboración. Más o menos serían como las fórmulas de hierbas que un doctor en Medicina Tradicional China os pueda suministrar hoy en día según la patología o desarmonía que padezcáis.

Los Elixires de Plantas Fermentadas que propongo a continuación son muchísimo más simples de elaborar, fáciles y adecuados a nuestro ritmo occidental. Puesto que se trata de una iniciación a los elixires, daré simples pautas para que podáis, sin mucha complejidad, elaborar vuestra propia medicina a través de hierbas y plantas que podáis recolectar fácilmente en España.

6.2. Beneficios de los Elixires de Plantas Fermentadas

En este apartado, me gustaría realmente exponer el porqué vale la pena realizar estos elixires usando el proceso de la fermentación. En relación a esto, los beneficios que encontramos en los elixires son numerosos:

1. <u>Beneficios propios de la fermentación en si:</u>

• Mayor biodisponibilidad de la medicina presente en el elixir.

• Se preservan durante más tiempo y no caducan.

• Se activan vitaminas y otros nutrientes presentes en el elixir.

• Aportan microorganismos beneficiosos para la microbiota intestinal.

2. <u>Beneficios medicinales específicos de las plantas y endulzantes empleados para la fermentación de los elixires.</u> Si realizamos un Elixir con raíz de achicoria o diente de león, además de las propiedades de la fermentación en sí, obtendremos los beneficios propios de las plantas utilizadas. En ese caso, dicho elixir tendrá propiedades medicinales para depurar nuestro hígado, por ejemplo. Si además usamos miel como endulzante y para aportar levaduras, obtendríamos las

propiedades que la miel contiene en sí - incluido el propóleo presente en ella y otros nutrientes -.

En definitiva, todos los ingredientes presentes en la elaboración del elixir proporcionan nutrientes, vitaminas, levaduras, minerales y medicina. Si además los fermentamos, obtenemos las propiedades intrínsecas del propio proceso de elaboración, con lo que aportamos grandes beneficios a nuestro elixir.

3. <u>Otros beneficios:</u>

• **Facilidad** para suministrarlos con **cuentagotas**.

• Resulta más **barato**. Por un lado ahorráis en electricidad ya que no hay nada que hervir ni calentar, y por otro lado en dinero, puesto que tampoco necesitáis comprar vinos ni alcoholes destilados donde macerar vuestras hierbas - productos que suelen salir bastante caros al consumidor -.

• **Mayor extracción de medicina**, puesto que las hierbas tienen componentes solubles tanto en alcohol como en agua; y en los elixires se emplean ambos líquidos para su elaboración. Esto no sucede en una tintura herbal convencional.

• **Aptos para los niños y ancianos**, al tener una graduación alcohólica menor que tinturas o cualquier otra maceración de plantas medicinales en vino. También se pueden diluir en agua o echar las gotas en una cuchara y esperar unos minutos a que el alcohol presente en el preparado se evapore para reducir la graduación del elixir.

• Se pueden **guardar y transportar fácilmente**, pues no necesitan de una temperatura concreta, ni ser almacenados en la nevera. Basta con meterlos en una alacena, alejados de la oscuridad y a una temperatura constante.

• Se **ahorra energía y tiempo** ya que se elaboran una vez y no hay que volver a preocuparse por prepararlos hasta que se terminan, que suele ser meses. No ocurriría lo mismo si tuviésemos que tomarnos una decocción por vía oral todos los días, pues tendríamos que elaborarla frecuentemente.

NOTA IMPORTANTE: al igual que en el caso de los fermentos de los capítulos previos, podemos hacer uso del agua de mar para fermentar estos elixires. No es algo nuevo, pues ya os he comentado que están a la venta cervezas hechas con agua de mar, por lo que esto que os expongo ni siquiera es novedoso.

Yo no he tenido acceso a agua de mar *per se* todavía, pero sí he comprado agua de mar de la marca Vizmaraqua[33*] y he obtenido unos resultados muy satisfactorios. Concretamente se puede realizar el elixir y una vez hecho y embotellado, añadir una cucharilla de agua de mar por cada bote de 250ml. Con ello conseguiríais isotonizar enormemente el agua marina presente en vuestro elixir.

El agua de mar añadiría otros beneficios al elixir:

• **Complementaría la parte nutritiva del elixir** puesto que el aporte de minerales del agua salada es muy completo. Además, añadiría el poder medicinal de la propia agua marina, conocida por ser antiinflamatoria, atnimucolítica, etc. Al ser una cucharilla - como máximo - lo que añadimos al elixir, no resulta excesivamente salado o desagradable al paladar a la hora de ingerirla, y está isotonizada.

• Además, el agua de mar es un conocido **conservante**, por lo que apoyaría al fermento en su propia preservación.

• Al añadir agua de mar a vuestros elixires, **aportaríais las propiedades medicinales de esta** en ellos, por lo que podéis jugar potenciando unas características u otras según os convenga o la desarmonía necesite. Por ejemplo, a nivel tópico, un elixir con agua de

---

33   Vizmaraqua es una de las compañías que embotellan agua de mar mejor recomendadas por la Fundación Aquamaris.

mar sería muy recomendado para personas con problemas de piel, eczemas, psoriasis, etc. Se me ocurre que se podría realizar un elixir de plantas antiinflamatorias y además añadir esa cucharilla de agua de mar para potenciar el efecto antiinflamatorio para usarlo a nivel tópico - o por vía interna también -.

Sin duda alguna son muchas las cosas que un elixir con agua de mar puede hacer en vosotros, es cuestión de ir experimentando y viendo qué funciona para quién y qué no. Yo sigo explorando y aprendiendo de mis fermentos, combinándolos con otras cosas - agua de mar, sal marina, etc. - para expandir mis conocimientos y poder así compartirlos con vosotros como lo hago en el presente libro. ¡Es fascinante la cantidad de combinaciones y nuevas cosas que se pueden descubrir y explorar constantemente!

6.3. Elaboración de Elixires de Plantas Fermentadas

En este capítulo abordaré algunos ejemplos de elixires que yo misma he realizado con éxito, así como explicaré el proceso y sus propiedades medicinales, para que, si alguno de los lectores tiene interés, pueda elaborarlo y beneficiarse del mismo. ¡Comencemos pues!

Para realizar los Elixires de Plantas Fermentadas, deberemos tener presente 2 cosas:

• El tipo de <u>edulcorante</u> que deseéis añadir: panela, miel[34]*, sirope de ágave, dátil, sirope de arce, etc.

• Utilizar <u>levaduras,</u> puesto que procesan los hidratos de carbono - presentes en los edulcorantes - convirtiéndolos en alcohol. En realidad, las levaduras suelen estar en los propios edulcorantes, como es el

---

34 Mejor si la miel es cruda porque tiene mayor presencia de levaduras en ella. Una vez filtrada y procesada, pierde la mayor parte de microorganismos vivos que posee.

caso de la miel y los dátiles, en frutas o flores, ciertas raíces e incluso en el propio ambiente.

En definitiva, es importantísimo que vuestro fermento posea tanto levaduras como un buen edulcorante, puesto que la combinación de ambos dictará la perfección de vuestro elixir. Si podéis emplear un edulcorante que además tenga levaduras - como es el caso de los dátiles o la miel cruda -, os facilitáis doblemente el trabajo. Por un lado evitáis pensar en exceso cómo obtener las levaduras de manera externa - añadiendo raíces, flores u otros elementos -, y por otro lado obtenéis el éxito de vuestro fermento, porque si tiene levaduras lograréis que se genere alcohol.

Normalmente utilizo "a ojo" los ingredientes de mis elixires. El truco es que siempre haya una cuarta parte más o menos de levaduras y edulcorante, más que nada para que no tarde mucho en fermentar la mezcla.

Me gusta ser práctica por lo que, generalmente, utilizo edulcorantes que tengan levaduras, tal y como ya he mencionado anteriormente, sobre todo para no añadir demasiadas cosas al fermento. Si por ejemplo quiero hacer un elixir solo de raíz de bardana - para depurar el hígado de cara al otoño o la primavera -, añadiría un edulcorante que fuese rico en levaduras como la miel o los dátiles. Con ello consigo un elixir muy intenso y potente, pues solo lleva 2 ingredientes. Mientras que si voy a realizar un elixir algo más mixto - de 3 o 4 partes de plantas silvestres diferentes como flores/frutos, raíces y hojas, intentaría no añadir nada más, puesto que las flores/frutos ya tienen levaduras. Si solo quiero un elixir de hojas por ejemplo, entonces añadiría miel o dátiles.

En definitiva, la miel y los dátiles son altamente ricos en levaduras, y si no queréis pensar mucho ni organizaros como lo hago yo, os recomendaría que siempre los utilizaseis en todos vuestros elixires, para que se fermenten correctamente y se hagan alcohol.

A continuación os presentaré 2 métodos para efectuar vuestro elixir de plantas fermentadas. El primero de ellos es muy común en el colectivo de fermentación y podréis encontrar similares pasos en cualquier libro sobre esta materia. El segundo es un método que una vez alguien me contó, y quise probar por curiosidad. Resultó que para mí el elixir que generaba siguiendo este último procedimiento se efectuaba satisfactoriamente, mientras que con el primer método se me avinagraban o echaban a perder la mayoría. Explico ambos, por si queréis experimentar con ellos y ver cuál os gusta u os sirve más en vuestra labor ejecutando elixires.

PROCEDIMIENTO ESTÁNDAR

1. Echad en un bote las partes de las plantas silvestres que deseéis bien troceadas - raíces, hojas, flores, corteza, etc. -. Llenad el bote hasta cubrirlo casi entero (unas ¾ partes de plantas).

2. Añadid alrededor de ¼ parte de edulcorante y levaduras; miel o dátiles son la mejor opción para aseguraros el éxito de vuestro fermento.

3. Añadid agua de manantial hasta cubrir el fermento, dejando un dedo de distancia entre el agua y la parte superior del bote.

4. Dejadlo en oscuridad en un sitio a temperatura estable y seco. Cubrirlo con un paño ayudará a que insectos y moscas no entren y estropeen vuestro preparado.

5. Removed el fermento con frecuencia - si podéis todos los días, mejor, pues más pronto se hará -. Cuando veáis que está burbujeando vigorosamente, sabréis que está fermentándose.

6. Cuando comencéis a ver que burbujea cada vez menos, es que ya está listo para que lo filtréis y os quedéis solo con el líquido. Eso sí, esas hierbitas las podéis utilizar todavía para lo que queráis, desde echarlas de compost al jardín, o incluso haceros una infusión con ellas si es que tienen todavía buen sabor. Aquí sería el momento en el que añadir la cucharilla de agua de mar por cada 250ml. de fermento, en el caso de que quisierais aportarle las propiedades de esta.

7. Verted el líquido filtrado en una botella de cuello estrecho (como las de vino) si lo vais a tener tiempo, y si no, vertedla en el típico gotero de toda la vida para usarlo.

8. Guardadlo en un lugar oscuro y ventilado, como por ejemplo un armario.

PROCEDIMIENTO CON "BOTELLA DE CUELLO ALTO"

Estos pasos que explico a continuación describen otro método por el cual se pueden elaborar elixires de plantas fermentadas satisfactoriamente. He querido aquí plasmar otro procedimiento que no suele aparecer en libros de fermentación y que en mis tiempos me ayudó muchísimo a que mis elixires se fermentasen siempre correctamente. ¿Por qué funciona tan bien? Porque al usar una botella de cuello alto - las típicas de vino opacas que podéis guardar vacías en casa - evita que haya excesivo contacto con el oxígeno y se avinagre vuestro elixir. Esto, a su vez ralentiza un poco el proceso de fermentación, pero como bien se sabe, a veces lo más lento es lo más orgánico y natural; y en este caso realmente lo he comprobado. Lo bueno que tiene este método: que no hace falta filtrar las hierbas; se mete todo en la botella y una vez fermentado el elixir, se guarda y listo.

1. Echad en una botella de cuello alto las partes de las plantas silvestres que deseemos bien troceadas - raíces, hojas, flores, corteza, etc. -. Llenad la botella hasta cubrirla casi entera (unas ¾ partes de plantas).

2. Añadid alrededor de ¼ parte de edulcorante y levaduras; miel o dátiles son la mejor opción para aseguraros el éxito de vuestro fermento. Si usáis dátiles, siempre bien trituraditos.

3. Añadid agua de manantial dejando un dedo o dos de distancia

entre el agua y el inicio del cuello de la botella.

4. Dejadlo en oscuridad en un sitio a temperatura estable y seco. Cubrirlo con un paño ayudará a que insectos y moscas no entren y estropeen vuestro preparado.

5. Removed el fermento con frecuencia - si podéis todos los días, mejor , pues más pronto se hará -. Podéis agitar suavemente la botella de un lado a otro. Cuando veáis que está burbujeando vigorosamente, sabréis que está fermentándose.

6. Cuando comencéis a ver que burbujea cada vez menos, es que ya está listo. Aquí sería el momento en el que añadir la cucharilla de agua de mar por cada 250ml. de fermento, en el caso de que quisierais aportarle las propiedades de esta.

7. Podéis guardar la botella con un tapón de corcho en un lugar seco, oscuro y aireado, o bien verted el líquido en el típico gotero de toda la vida para usarlo (obviamente aquí necesitaríais filtrar el líquido antes de verterlo en el cuentagotas).

Como ejemplo, os diré que los *asavas* y *aristhas* se suelen fermentar durante un período de 7 a 10 días o como máximo un mes - pero estamos hablando de fermentos en la India -; si vivís en Alaska, probablemente la historia sea diferente. La cuestión es, independientemente del tiempo que tarde el proceso, observar esa evolución que he comentado anteriormente del fermento:

1-Comienza a burbujear ligeramente: inicio de fermentación.

2-Burbujea vigorosamente: el fermento está en su cúspide.

3-El burbujeo decae: aquí es cuando debéis estar atentos y observar que ya no haya casi burbujas. Entonces lo filtráis y guardáis. ¡Es hora de probar vuestro fermento!

6.4. Problemas con la fermentación de Elixires

En esta sección me gustaría resolver vuestras dudas y exponer los problemas más comunes que podéis encontraros en la elaboración de estos Elixires de Plantas Fermentadas.

1. El Elixir no pasa por alguna de las fases de burbujeo o ni siquiera comienza a burbujear: esto suele pasar porque vuestro fermento se ha "atascado". Por un lado esto ocurre cuando no habéis realizado el elixir en días soleados y con cielo despejado - me reitero con esto, pero es un factor primordial para que la fermentación se de correctamente -. Por otro lado, quizás la temperatura ambiente en la que se encuentra no es suficiente o el lugar o bote en sí no es propicio para la fermentación. Bastaría con que lo cambiaseis de bote o incluso de zona - si lo teníais en un armario, buscad un lugar más cálido donde colocarlo para potenciar la fermentación -.

*Un truco muy bueno es añadir ciertas cantidades de ácidos - como zumo de limón o cítricos - pues estos apoyan a las levaduras y al fermento en sí.

2. El Elixir se avinagra: esto sucede porque ha sido expuesto a mucho oxígeno o/y durante mucho tiempo. Podéis intentar elaborar vuestro elixir usando el segundo procedimiento, o bien no tenerlo tantos días fermentándose en un bote de cuello ancho.

3. Al Elixir le ha salido moho/levaduras: puede que vuestro elixir haya estado demasiado tiempo siendo fermentado y sin revolver/agitar. Recordad mezclarlo diariamente, pues es fundamental y/o reducid el número de días que lo dejáis fermentándose.

4. Una vez guardado en un cuentagotas, el bote explota: esto es porque lo habéis guardado cuando el elixir todavía estaba muy activo. Tampoco ayuda mucho verter vuestro fermento, que es algo vivo, en el típico gotero con tapón de plástico, puesto que el fermento en sí no puede "respirar" y cuando genera presión hace estallar el cuentagotas.

Por algo nos venden los vinos con tapones de corcho, pues este material orgánico deja transpirar el vino, que sigue fermentándose una vez envasado. Con vuestro fermento sucede lo mismo, sigue fermentándose más lentamente en vuestro gotero.

Para que el bote no estalle, podéis realizar vuestro fermento siguiendo el segundo procedimiento y cuando queráis usarlo por vía sublingual, verted un poco en un vaso y con un cuentagotas tomad lo que necesitáis. Otro truco es comprar un cuentagotas con tapón de corcho; sí, existen y son muy cómodos de usar. También podéis verter vuestro elixir en pequeñas botellas de cuello largo y estrecho - como las de cerveza - y ponerles un tapón de corcho y tomar la dosis extrayendo con un gotero, o incluso a pequeñísimos sorbos. ¡Que no falte la creatividad para encontrar soluciones a los problemas!

La fermentación espontánea no es algo fácil cuando hablamos de fermentaciones alcohólicas, por lo que paciencia y mucha dedicación. A mí se me avinagraban la mayor parte de elixires que intentaba realizar al principio, porque los tenía demasiado tiempo fermentando, en un lugar con mucha exposición al oxígeno. En cuanto los tuve menos tiempo y los trasvasé a botellas de cuello alto, todo comenzó a funcionar. Es ir poco a poco viendo qué funciona, cuál es el lugar donde mejor se fermentan y qué botellas se ajustan más a su correcta conservación.

6.5. Dosificación

En caso de que busquéis hacer uso medicinal de estos Elixires de Plantas Fermentadas, lo usual es tomar la dosis en goteros o a sorbos pequeñitos, siempre en ayunas.

No os digo que no podáis beberos todo un elixir de golpe en una tarde con vuestros .colegas, pero sed conscientes de que el potencial medicinal que os estáis metiendo en el organismo de este modo es más "brusco" y quizás menos asimilable. Además de las consecuencias que esto conlleva en vuestro organismo, claro. Por algo los griegos escribieron "*Nada en exceso*[35]" en uno de los templos más importantes de su época; sabían que todo aquello que hacemos, decimos o ingerimos en excesivas cantidades no es bueno ni armónico para nosotros. ¿Entonces para qué propasarse?

La principal diferencia de tomaros estos elixires como si fuesen un vino, ingiriendo un par de copas al día, o tomarlos como medicina lo vemos en el momento de beber estas "copas" o "gotas" y la consciencia que se pone en ello, claro. Si queréis que algo realmente incida medicinalmente en vosotros, lo más aconsejable es tomar dosis pequeñas - gotas - en ayunas y/o con el estómago vacío. Por supuesto es vuestra libre elección y yo no soy quién para prohibiros que probéis a disfrutar estos elixires de otro modo. Sé de mucha gente que toma hidromieles como agua, y siguen vivos. Para mí el *quid* radica en cuán conscientemente estoy ingiriendo algo, y cuánto deseo que este elixir apoye mi proceso de sanación o armonización de cierto desequilibrio.

Como os dije, los *asavas* y *aristhas* se toman en cuentagotas, como si fuesen una tintura, por lo que es esto lo que os aconsejo que hagáis con vuestros elixires; beberlos en pequeñas dosis, con la constancia y consciencia de quien sabe que son medicina pura. Así es como considero, se obtienen de estos elixires los mayores beneficios a nivel medicinal.

Dosificación: esto dependerá mucho de qué queráis armonizar; de si la dosis es para un adulto, niño o anciano; de cómo siente de bien o mal la medicina y el alcohol generados, y de si la desarmonía a tratar es "joven" o el individuo lleva muchos años lidiando con ella.

A grandes rasgos, la dosis mínima aceptable es:

- Adulto: 2 a 5 gotas (de 1 a 3 veces al día)

---

35   Frase inscrita en la entrada del Templo de Apolo (Delfos, Grecia) y que se atribuye a los siete sabios de Grecia.

- <u>Anciano</u>: se puede diluir la dosis en agua y empezar por 2 o 3 gotas (de 1 a 3 veces al día) y ver cómo es asimilado por la persona. En base a todo esto, ir aumentando la dosis. Incluso podéis poner las gotas en una cucharilla y esperar unos minutos a que el alcohol se evapore y entonces tomar la cucharilla con las gotas.

- <u>Niño</u>: igual que en el caso de los ancianos. Por un lado podéis diluir la dosis o esperar a que el alcohol se evapore y tomarla.

*Intolerancia al alcohol: las personas a las que el alcohol les sienta mal o son intolerantes, en principio podrían perfectamente hacer uso de la dosis recomendada sin problemas. Esto es porque este tipo de elixires poseen una graduación alcohólica menor que los alcoholes destilados y son más fácilmente asimilables por el mero hecho de estar fermentados. En cualquier caso, si notaseis que os asienta mal, podríais seguir los consejos de dosificación tanto del anciano como del niño para prevenir cualquier molestia.**

Toma: la dosificación hay que ingerirla por vía sublingual. Con un cuentagotas se vierten las gotas recomendadas bajo la lengua y se espera unos instantes a ser absorbidas. Luego se cierra la boca y se traga. Obviamente, no todas las gotas serán absorbidas por la vía sublingual porque para ello podríamos estar varios minutos esperando con la boca abierta y eso es inviable. Pero como la vía sublingual es un canal directo que lleva la medicina a todo el torrente sanguíneo, con esos "instantes" basta para que penetren en vuestro organismo fuertemente.

Yo suelo tomar mis elixires a primera hora de la mañana y con el estómago vacío, simplemente echo unas gotas bajo mi lengua[36]y espero 10 o 20 minutos aproximadamente antes de ingerir mi

---

36 La vía sublingual es muy potente porque la medicina que echemos bajo nuestra lengua irá directa al torrente sanguíneo, con lo que a través de la circulación.

desayuno.

Por último, advertiros de que la dosificación hay que ajustarla a lo que queráis hacer con el elixir. Si deseáis tratar algo en el momento - como un catarro -, la dosis podrá ser algo más elevada; por el contrario si queremos prevenir algo, la dosis se debe ver reducida, pero el tiempo de ingesta podéis aumentarlo precisamente por esta disminución en la dosis. Basta con ser cautelosos e ir probando de menos dosificación a mayor: por ejemplo, podéis probar 3 o 4 días seguidos a tomar "x" cantidad de gotas y ver cómo os asienta. Si no veis que os hace mucho efecto, ir aumentando la dosis 1 gota de más por semana, y observar esos 7 días cómo os encontráis. Así hasta encontrar la cantidad que necesitáis para sentiros mejor.

En caso de algo muy crónico, aconsejaría no ir aumentando, sino quedaros con la dosis recomendada mínima y estar meses o incluso años ingiriendo estos elixires. Yo estuve 4 o 5 años tomando una tintura circulatoria a dosis muy bajitas - 4 gotas al día sublinguales - con resultados muy satisfactorios. Lo sencillo y lo simple, a veces es lo mejor.

6.6. Elixires de Plantas Fermentadas

Con todo ello dicho, pasemos pues a ver varios de los Elixires de Plantas Fermentadas que os propongo:

· ELIXIR CIRCULATORIO ·

INGREDIENTES

- Flores de Milenrama [*Achillea millefolium*]
- Hojas de Espino Blanco [*Crataegus monogyna*]
- Raíz de Jengibre
- Agua de manantial
- Miel o varios dátiles

Aquí he hecho algo de "trampa" al utilizar jengibre - que es una planta que en España no crece de manera silvestre -, pero concretamente me gusta mostrar aquello con lo que ya he experimentado y conozco. He de decir que el jengibre es muy "calórico" y por tanto no es apto para todas las personas. Yo que tengo tendencia a que mis extremidades estén muy frías - de hecho alguna vez me han salido sabañones en los dedos de mis manos - y mi temperatura corporal también es más bien bajita, me viene genial el jengibre. Pero si soléis tener mucho "fuego" interno - ya sea porque vuestra temperatura media basal es alta o porque sois personas temperamentales -, podríais sustituir el jengibre por otra planta menos "fuego" como romero u ortiga que son más "neutras". Si tenéis dudas para saber si una planta es más calórica o fría, os animo a que sigas vuestra intuición u os hagáis con un buen libro de Medicina Tradicional China donde haya una sección en la que describan las plantas según su naturaleza - fría, cálida, neutra, etc. -. Y por supuesto ¡no dejéis de experimentar! Lo que a alguien le funcione, no tiene porqué valeros a vosotros. Atreveros a investigar y explorar ese vasto campo de información que tenéis delante vuestra.

USOS Y DOSIS

Por supuesto, el uso más interesante de este elixir es en desarmonías circulatorias tanto por vía interna como por vía tópica. A nivel dérmico lo podéis añadir, por ejemplo, a una loción de piernas - si soléis tener las piernas cansadas -. Si vais a tomar este elixir por vía oral, seguid las instrucciones que os he dado de dosificación general.

· ELIXIR PROBIÓTICO ·

INGREDIENTES

- Tomillo [*Thymus vulgaris*]
- Romero [*Rosmarinus officinalis*]
- Flores de Lavanda [*Lavandula angustifolia*] o Espliego [*Lavandula latifolia*]
- Agua de manantial
- Miel o varios dátiles

Perfectamente se puede realizar este elixir con otras plantas, pero utilizo Espliego o Lavanda, Romero y Tomillo, porque son las hierbas antibióticas más cercanas que tengo. Algunas veces he realizado este elixir cambiando el Tomillo por Pino, que también es un excelente antibiótico - pues el tomillo tiene un efecto acumulativo y me interesa usarlo de manera más corta en el tiempo -.

USOS Y DOSIS

Este elixir en concreto tiene un sabor que me gusta mucho, y a veces puede ser fácil echarse una gota de más. Cuidado con esto porque al igual que en el resto de elixires, si os pasáis de la dosis, podéis empeorar la situación y lo que intentáis armonizar. Si por ejemplo utilizo este elixir cuando ya tengo un catarro, pero al mismo tiempo me paso de dosis, el catarro se acentuará. Si lo usáis en su justa medida, los síntomas del catarro se podrían ir atenuando y disminuyendo rápidamente.

Convendría estar unos días más tomando este elixir para aseguraros de que aunque ya no haya sintomatología, realmente el catarro se haya curado. Muchas veces me cojo varios catarros seguidos o en poco tiempo. Esto es porque mi organismo no ha tenido tiempo de recuperarse y sigue "bajo" de defensas, por lo que para evitar esto, es conveniente estar un tiempo más usando el elixir - una semana o 2 más bastaría -. Con ello os aseguráis haber armonizado ese catarro y apoyado a vuestro organismo en mantener las defensas altas.

También se puede emplear este elixir como preventivo, es decir, tomando unas pocas gotas desde octubre hasta febrero-marzo de continuo. De este modo prevenimos cogernos catarros durante el invierno y mantener las defensas del organismo altas. En el caso de usar este elixir a modo de "vacuna", es mejor usar la dosis mínima y estar varios meses tomándola.

· ELIXIR RELAJANTE SISTEMA NERVIOSO ·

INGREDIENTES

- Avena [*Avena sativa*]
- Milamores [*Valeriana officinalis*]
- Agua de manantial
- Miel o varios dátiles

En este preparado he escogido Avena y Milamores, porque las tengo más a mano que otras plantas relajantes del sistema nervioso, y porque ya he experimentado con ellas y me gustan. La avena es una de las pocas plantas que restauran realmente el sistema nervioso además de relajarlo. Esto es importante sobre todo si tenéis una vida que es como un tren, o sabéis que habéis podido dañar vuestro sistema nervioso tanto por el modo de vivir, como por algún período de vuestra vida más intenso a nivel nervioso. Siempre que añado una planta que relaja el sistema nervioso - Milamores, Tilo, Passiflora o Lavanda - incluyo la Avena, porque apoya el proceso de restauración necesario del sistema nervioso.

Como digo, podéis hacer este preparado con otras plantas, siempre ver cuál os vibra más, cuál tenéis más a mano o consultad con un experto. La cuestión no es utilizar muchas plantas en un mismo preparado, a veces es mejor algo sencillo como el elixir que os presento aquí de 2 plantas, que un preparado muy complejo en el cual las propiedades de una hierba van cancelando o interfieren con las de la otra. A veces menos es más.

USOS Y DOSIS

Por supuesto, he de advertiros que cualquier elixir de plantas relajantes del sistema nervioso tomado por vía oral en exceso, puede generaros un estado de cansancio mayor. Esto me pasó a mí al principio, concretamente con la presente mezcla. Por tanto, tuve que reducir las gotas que ingería por vía oral para despertarme más "despejada" y vital, puesto que lo que me ocurría es que amanecía muy cansada y con pesadez mental. Esto era porque el elixir me relajaba excesivamente, así que ajustad la dosis a lo que os siente mejor. Os aconsejo que vayáis de menos gotas a más, poco a poco, para corregir fácilmente la dosis y que no os ocurra como a mí.

· ELIXIR ANTIHISTAMÍNICO ·

INGREDIENTES

- Abrótano hembra [*Santolina chamaecyparissus*] o Margarita [*Bellis perennis*]
- Hojas de llantén [*Plantago lanceolata* y *Plantago major*]
- Agua de manantial
- Miel o varios dátiles

El Elixir Antihistamínico lleva plantas que son antiinflamatorias - como el llantén y el abrótano hembra/margarita - así como antihistamínicos - llantén -. Se podría añadir Lavanda - que es antiinflamatoria y algo antihistamínica -, o Fumaria, pero he querido hacerlo muy simple para que sea bastante sencilla de ejecutar para todos.

USOS

Se puede utilizar por vía oral como preventivo de cara a la primavera-verano - momento en el que más casos de alergias se dan -. A nivel tópico lo podéis emplear en una loción para reducir el picor y la hinchazón de los picotazos de insectos. Yo preparé hace tiempo una tintura solo de fumaria que quitaba el picor en el momento aplicándola en la piel, pero no desinflamaba la zona, así que mejoré la fórmula añadiendo simplemente manzanilla y la verdad es que fue todo un éxito en mi casa, pues a mis padres los mosquitos les pican con muchísima facilidad y es todo un incordio. Lo llevaban en formato spray al monte, y cuando un insecto les picaba se lo aplicaban y listo.

Me he inspirado un poco en esta experiencia para redactar la receta que os presento. Espero que a más de uno le alivie tanto los síntomas de la alergia como el picor de los picotazos, así como otras tantas desarmonías más. Como podéis ver, un elixir no solo se puede emplear por vía interna, sino también tópica con excelentes resultados. ¡Probadlo!

7. BIBLIOGRAFÍA

Plantas Silvestres

- Akerreta, Silvia (2013). *Sabiduría popular y plantas curativas: recopilación extraída de un estudio etnobotánico en Navarra.* Madrid: Ediciones i.
- García Bona, Luis Miguel (1981). *Navarra, plantas medicinales.* Pamplona: Caja de Ahorros de Navarra: Ed. para los clientes de la Caja.

Fermentación

- Alley, Lynn (2003). *Artes culinarias perdidas: guía para preparar vinagre, adobar olivas, obtener queso fresco de cabra y mostazas sencillas, hornear pan y cultivar hierbas aromáticas.* Barcelona: Ediciones Obelisco.
- Fallon, S., G., Mary (2001). *Nourishing traditions: the Cookbook that Challenges Pollitically Correct Nutrition and the Diet Dictocrats.* Brandywine, USA: NewTrends Publishing, Inc.
- http://www.fao.org/ag/esp/revista/9812sp3.htm
- Katz, S.E. (2014). *El Arte de la Fermentación. Una exploración en profundidad de los conceptos y procesos fermentativos de todo el mundo.* Móstoles, Madrid: Gaia
- Katz, S.E. (2015). *Pura fermentación: todo el sabor, el valor nutricional y el arte que encierra la elaboración de alimentos vivos.* Móstoles, Madrid: Gaia.

Agua de Mar para la Fermentación

- Gracia, Ángel y Bustos-Serrano, Héctor (2004). *El poder curativo del agua de mar.* Barcelona: Morales i Torres.
- http://www.aquamaris.org/primera-cerveza-con-agua-de-mar/
- https://www.sciencedirect.com/science/article/pii/01410229
- 81900132/
- Nova, Cecilia (2016). *Agua de mar: los efectos beneficiosos de beberla a diario.* Barcelona: Integral.

Ciclos lunares y Fermentación

- https://adventuresinlocalfood.com/2010/10/07/sauerkraut-rising-tides-and-where-it-all-began/

Kombucha

- https://www.ncbi.nlm.nih.gov/pmc/articles/PMC5079149/
- https://www.kombucharesearch.com/research-articles/can-make-kombucha-herbal-tea/

8. ÍNDICES DE HIERBAS MEDICINALES

8.1. Nombres populares

8.2. Nombres científicos

DATOS AUTORA

Andrea Martín Leache es experta en Fermentación de Plantas Silvestres Medicinales desde el 2015 y certificada en Hidroterapia de Baños de Vapor Perineales, donde hace uso de las plantas que conoce. Se ha formado en Plantas Silvestres Medicinales y Cosmética Natural, materias donde actualmente continúa experimentando y profundizando de manera autodidacta. Ha recibido formación en Permacultura y Bioconstrucción así como impartido talleres de fermentación y plantas silvestres en Pamplona.

****

El presente libro ha sido escrito con la intención de compartir sus conocimientos y experiencias sobre cómo fermentar los recursos del bosque - hojas, flores, frutos, etc.- a nivel nutricional y medicinal, con la consciencia y presencia de quien sabe qué recolecta y para qué. La autora pretende con este ejemplar aunar sus dos pasiones: la fermentación y las plantas silvestres, en un espacio donde motivar a otras personas a que sigan su camino. El fin último es que tras su lectura, el leyente aprenda a usar lo que la madre tierra ofrece, empleando prácticas ancestrales como la fermentación para preservar estos productos.

Toda una oda al cuidado y preservación de la Tierra, al empoderamiento del ser humano recuperando la sabiduría que yace en nuestros bosques a través de la recolecta y fermentación de sus recursos.

Made in the USA
Columbia, SC
28 December 2023

29594659R00108